複式簿記概説

――財務報告の方法と論理――

鶴見正史　編著

五　絃　舎

は　じ　め　に

　本書は，2019（令和元）年6月から実施された日本商工会議所主催簿記検定3級に対応した内容となっている。この受験回から個人商店の簿記から小規模の株式会社を前提とした簿記に内容が変更された。それ以外は，若干3級には新たな内容が含まれた。しかしながら，日本商工会議所の見解では，新たな内容は日本商工会議所主催簿記検定初級に含まれた内容で，検定級を順番に学習すると大きな負担はないということである。高校や大学では初級ではなく，簿記の初学者ははじめから検定級でいえば3級の学習をする。そこで大きな変更がなされたと考える学生や簿記指導者がいると思われる。そこで本書は，初級にも対応できる内容となっている。

　第Ⅰ部は複式簿記システムとしていわゆる簿記一巡を学習する。企業は，経済活動に伴う取引を資産・負債・資本の増減を勘定に記録し，期末において決算手続を行い，その結果を損益計算書と貸借対照表にまとめて報告する一連の手続きを簿記一巡という。この簿記原理でもある簿記一巡を学習する。

　第Ⅱ部は勘定各論を学習する。第Ⅰ部で学習した貸借対照表および損益計算書は勘定科目を集計したものである。ここでは，資産に関する勘定，負債に関する勘定，資本（純資産）に関する勘定，収益に関する勘定，費用に関する勘定の各勘定科目がどのような決まりで記録するかもしくは金額が計算されるかを学習する。

　第Ⅲ部では決算を学習する。決算をするにあたって，今まで行われた記録が正しく行われたかを確認するため，試算表を作成する。そして，決算整理として，その会計期間に正しく割り当てた貸借対照表および損益計算書にするための修正を行うことである。日本商工会議所に準拠した内容の決算整理について学習する。さらに，令和元年から出題範囲が改定されたため，改定についての概要と日本商工会議所主催簿記検定3級の対策問題も示した。

　本書は，木戸田力・鶴見正史編著『財務報告の方法と論理 —— 複式簿記システム概説』（株）五絃舎を全面改訂し，新たに刊行したものである。

　本書を刊行するにあたって，多くの先生のご協力を頂いたことに感謝申し上げたい。特に中村学園大学の日野修造教授には多大なご助言と貴重な原稿を頂いたことに感謝申し上げたい。表紙絵デザインは角町玲南さん（佐賀大学教育学部附属小学校）にお願いした。また，（株）五絃舎の長谷雅春社長には，ひとかたならないお世話になり感謝申し上げるとともに，ご苦労をおかけしたことを深く謝意を表す次第である。

2020年2月

鶴見　正史

目　　次

第Ⅰ部　複式簿記システム

第Ⅲ部　決　　算

第Ⅰ部

複式簿記システム

第1章　資産・負債・純資産（資本）と貸借対照表

　企業は経営管理を目的として取引を継続的・網羅的に記録、当該会計期間の損益（利益または損失）を計算、さらにこれらの情報を貸借対照表と損益計算書と呼ばれる報告書にまとめる。この一連の手続きが簿記である。また貸借対照表や損益計算書などの各種会計報告書を総称して財務諸表と呼ぶ。この章では簿記を通して作成される財務諸表の一つである貸借対照表とその構成要素である資産、負債、純資産（資本）についてみていく。

1.1　貸借対照表概要

　貸借対照表は、企業の財政状態を明らかにすることを目的に、資産、負債、純資産（資本）を構成要素として作成される財務諸表である。貸借対照表ではその左側に企業の資産に属する各項目名と金額を、右側に負債に属する各項目名と金額、その下には純資産（資本）に属する各項目名と金額を記載する。会計書類には内容が左右に割り振られた表示書式のものが多い。会計ではこうした書式の書類を正面にして左面を借方と呼び、右面を貸方と呼ぶ。したがって、貸借対照表は借方に資産、貸方に負債と純資産（資本）の各項目と金額を記載した財務諸表である。

貸 借 対 照 表

宮崎商店　　　　　　　　　　　〇年1月1日

資　産	金　額	負債および純資産	金　額
現　　　金	10,500	借　入　金	70,000
商　　　品	4,500	買　掛　金	2,000
備　　　品	5,000	資　本　金	100,000
売　掛　金	2,000		
車両運搬具	150,000		
	172,000		172,000

　貸借対照表は、表の冒頭にその表が貸借対照表であることを明記し、その下に商店名ないし企業名と作成日を記す。以下、貸借対照表の構成要素である資産、負債、純資産（資本）についてみていく。

1.2 資産 (Assets)

　資産とは、その管理や所有権が企業の支配下にあり、将来においてその企業に経済的価値をもたらすものをいう。資産には「現金」、「商品」、「備品」、「建物」などの財貨のほか、「売掛金」や「貸付金」などの債権も含まれる。「売掛金」は商品を代金後払いの約束で販売した際のその代金に関する請求権を表す項目名称である。「貸付金」は金銭を貸し付けたことに基づく返済を請求できる権利である。なお「売掛金」は回収予定の金銭そのものを指しているわけではなく、また「貸付金」は貸し付けた金銭そのものを指しているわけではない。これらはそれぞれを請求できる権利を指し法的には債権と呼ばれ、会計では資産に分類される。企業は経営活動のためにさまざまな資産を所有している。資産に属する各項目には以下のようなものがある。

資産の例	
現　　　金	所有している紙幣や貨幣などの金銭
諸　預　金	銀行に預けた金銭
貸　付　金	他者に貸し付けた金銭に対し、後日、返済を請求できる権利
売　掛　金	代金を後日受け取る約束で商品を販売した場合の代金を請求できる権利
商　　　品	販売する目的で他から購入し所有している物品
備　　　品	営業（事業で使用する）目的で所有している机、椅子、陳列ケースなどの物品
車両運搬具	営業（事業で使用する）目的で所有している運搬用の自動車、トラックなど
建　　　物	営業（事業で使用する）目的で所有している事務所、店舗など
土　　　地	建物や店舗の敷地など

例題 1 － 1

　宮崎商店の○年1月1日の資産は以下の(1)〜(5)であった。(1)〜(5)の資産の各項目名称と金額を示しなさい。また宮崎商店の○年1月1日現在の資産総額はいくらか計算しなさい。

　(1)　金庫にある紙幣¥10,000と硬貨¥500
　(2)　家具店である当社で販売するために購入した椅子¥4,500
　(3)　事務所で事務員が使用している机、椅子など¥5,000
　(4)　代金を後日受け取る約束で販売した商品の代金への請求権¥2,000
　(5)　営業用の自動車¥150,000

解答

　(1)　資産の名称（現　　金）　　　　金額（　10,500）
　(2)　資産の名称（商　　品）　　　　金額（　　4,500）
　(3)　資産の名称（備　　品）　　　　金額（　　5,000）

(4)　資産の名称（売掛金）　　　金額（　2,000）

(5)　資産の名称（車両運搬具）　金額（150,000）

宮崎商店の○年1月1日現在の資産総額　（172,000）

1.3　負債（Liabilities）

負債とは企業の過去の取引または事象の結果として、将来においてその企業に経済的価値の流出をもたらすものをいう。例えば商品を代金後払いの約束で仕入れた場合の未払い代金の支払義務を表す「買掛金」や、金銭を借り入れた際の返済義務である「借入金」などがある。なお「買掛金」は未払いの金銭そのものを指しているわけではなく、また「借入金」は借りた金銭そのものを指しているわけではない。これらはそれぞれを支払う義務を指し法的には債務と呼ばれ、会計では負債に分類される。

負債の例	
買　掛　金	代金を後日支払う約束で商品を仕入れた場合の代金を返済する義務
借　入　金	他者から借り入れた金額に対し、後日、返済しなければならない義務

例題1－2

宮崎商店の○年1月1日の負債は以下の(1)および(2)であった。(1)および(2)の各負債の項目名称と金額を示しなさい。また宮崎商店の○年1月1日現在の負債総額はいくらか計算しなさい。

(1)　銀行から現金¥70,000を借り入れたことによる返済義務。

(2)　商品¥2,000を代金は後日支払う約束で仕入れたことによる支払い義務。

解答

(1)　負債の名称（借入金）　　　金額（　70,000）

(2)　負債の名称（買掛金）　　　金額（　2,000）

宮崎商店の○年1月1日現在の負債総額　（　72,000）

1.4　純資産（資本）（Net Assets, Capital）

純資産とは企業の資産総額から負債総額を差し引いた金額である。これは企業が所有するすべての資産すなわち財産額から、負債すなわち債権者に帰属する額を差し引いた計算上の差額であり、概念的に負債をすべて返済したと仮定してもなお企業に残る額という意味で企業の純財産といわれることもある。この資産、負債、純資産（資本）の関係は以下の等式で表現され、これを資本等式と呼ぶ。

$$資　産　－　負　債　=　純資産（資　本）・・・・・・・　資本等式$$

　事業主が事業を営むにあたり拠出した純資産（資本）を元手と呼ぶこともある。事業主が負債を負わず企業の資産すべてを調達したならば、その時の資本等式は

$$資　産　=　純資産（資　本）$$

となる。これは企業の資産すべてが事業主自らの資金拠出によって調達されているということである。

　資産に属するものに現金や諸預金、貸付金、売掛金、商品などが、また負債に属するものに借入金や買掛金などの各項目があるように、純資産（資本）は属性の名称でありこれに属する項目には「資本金」や「利益準備金」「繰越利益剰余金」などがある。しかし、この章では「資本金」のみを用いて以降の説明を進める。

例題1－3
　宮崎商店の○年1月1日の資産は例題1－1、また負債は例題1－2の状況であった。この時の宮崎商店の○年1月1日の純資産（資本）額を求めなさい。

解答

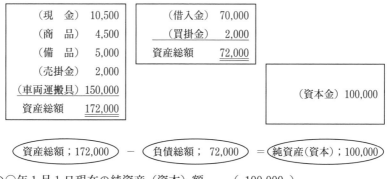

宮崎商店の○年1月1日現在の純資産（資本）額　　（　100,000　）

1.5　貸借対照表と損益計算

　ここまで企業が貸借対照表の借方で資産の各項目を、貸方で負債と純資産（資本）の各項目を報告していることをみてきたが、これを等式で表したものを貸借対照表等式と呼ぶ。

$$資\ 産\ =\ 負\ 債\ +\ 純\ 資\ 産（資本）\cdots\cdots\ 貸借対照表等式$$

（資金の運用形態）　　（他人資本）　　（自己資本）

（資金の調達源泉）

　企業による貸借対照表での各項目と金額の報告は、貸方（右面）で企業が資産を得るための資金的裏付けつまり資金の調達源泉を示し、借方でその資金の運用形態である企業資産を示しているとみることもできる。純資産（資本）が自ら拠出し調達した資金であることは前節でみたが、負債はいずれ返済しなければならないが企業にとってこれも活動資金である。この意味で純資産（資本）を自己資本、負債を他人資本と表現することもある。ここでの資本という語は事業資金という趣旨で使われる表現である。

貸　借　対　照　表

宮崎商店　　　　　　　　○年1月1日

資　　産	金　　額	負債および純資産	金　　額	
現　　　　　金	10,500	借　入　金	70,000	他人資本
商　　　　　品	4,500	買　掛　金	2,000	
備　　　　　品	5,000	資　本　金	100,000	自己資本
売　　掛　　金	2,000			
車両運搬具	150,000			
	172,000		172,000	
資金の運用		資金の調達		

　貸借対照表に記載された各項目とその金額はその日付時点の状況である。これは日々の取引によりその都度変化する。したがって貸借対照表を取引の都度、更新し作成することは可能である。

例題 1 － 4

　宮崎商店の1月1日時点の貸借対照表が上の状況であったとする。これに下記(1)～(3)の取引があったとして、それぞれの日付における貸借対照表を作成しなさい。

　(1)12月1日、商品¥4,000を現金で仕入れた。そのため商品（資産）が増加、現金（資産）が減少した。

　(2)12月2日、商品¥3,000を代金後払いで購入した。そのため商品（資産）が増加、買掛金（負債）が増えた。

　(3)12月3日、手数料として現金¥2,000を受け取った。そのため現金（資産）が増加した。

注．商品売買の処理について

　商品売買の処理は、分記法と3分法がある。分記法は、商品を仕入れたときに商品（資産）勘定の借方に記入し、商品を売り渡したときに商品勘定の貸方に記入するとともに利益（売価と原価との差額）を商品売買益（収益）勘定の貸方に記入する方法である。3分法については、83頁を参照。

解答

貸借対照表

宮崎商店　　〇年12月1日

資　　産	金　額	負債および純資産	金　額
現　　　金	6,500	借　入　金	70,000
商　　　品	8,500	買　掛　金	2,000
備　　　品	5,000	資　本　金	100,000
売　掛　金	2,000		
車両運搬具	150,000		
	172,000		172,000

貸借対照表

宮崎商店　　〇年12月2日

資　　産	金　額	負債および純資産	金　額
現　　　金	6,500	借　入　金	70,000
商　　　品	11,500	買　掛　金	5,000
備　　　品	5,000	資　本　金	100,000
売　掛　金	2,000		
車両運搬具	150,000		
	175,000		175,000

貸借対照表

宮崎商店　　〇年12月3日

資　　産	金　額	負債および純資産	金　額
現　　　金	8,500	借　入　金	70,000
商　　　品	11,500	買　掛　金	5,000
備　　　品	5,000	資　本　金	102,000
売　掛　金	2,000		
車両運搬具	150,000		
	177,000		177,000

　このように貸借対照表はその時点の企業の財政状態を示すという趣旨で各項目が変化するたびにこれを更新し作成することは可能である。しかし電算処理などをしない限り日々の経理業務でこれを行うことは現実的ではない。一般に貸借対照表は会計年度の開始日すなわち期首と、最後の日すなわち期末に作成し、他の時期での作成は企業の任意である。期首に作成する貸借対照表を開始貸借対照表と呼ぶが、開始貸借対照表は、その会計年度の前年度期末貸借対照表と実質的に同じ内容ということになる。

　さて、上の例題1－4で12月3日以降に取引がなかったとする。そうすると12月3日付の貸借対照表がこの企業の期末貸借対照表である。これが期末貸借対照表の場合は以下のように表記される。

貸借対照表

宮崎商店　　　　　　　〇年12月31日

資　　　産	金　　額	負債および純資産	金　　額
現　　　金	8,500	借　入　金	70,000
商　　　品	11,500	買　掛　金	5,000
備　　　品	5,000	資　本　金	100,000
売　掛　金	2,000	当期純利益	2,000
車両運搬具	150,000		
	177,000		177,000

　この貸借対照表と例題1－4の12月3日付貸借対照表の違いは、純資産（資本）の部における資本金の表記である。12月3日の純資産（資本）の部の資本金は102,000と表記されている。一方、期末貸借対照表の資本金は100,000と表記され、その下に当期純利益が書き加えられている。12月3日以降期末まで他に取引はなく資産も負債も変化はない。そのため「資産－負債＝純資産（資本）」の計算結果にも変化はないはずである。つまり12月31日（期末）の資本金額は例題1－4の12月3日付貸借対照表に示されている102,000である。にもかかわらず期末貸借対照表はその資本金に期首の額である100,000を記す。そしてその下に期首から期末にかけて増殖した資本金の額を記すのである。期首時点で企業は一定額の元手をもっていた。これがこの会計期間の活動で増加した。そ

の部分はすでに期末の資本の一部を構成しているが、これを当期純利益として分けて表示することで、期末貸借対照表では期末時点の資本額と元手の増殖つまり経営活動の成果とを一枚の中で示すことができる。

例題 1 － 5

宮崎商店の〇年12月31日付け貸借対照表は 6 頁の状況であった。この時の宮崎商店の期末純資産（資本）はいくらか答えなさい。

解答

期首純資産（資本）　100,000　＋　当期純利益　2,000　＝　期末純資産（資本）　102,000

当期純利益は元手が増加した場合であるが、元手が減ってしまえばその減った額相当は当期損失である。当期純利益または当期純損失は、これをまとめて当期純損益と呼ぶ。

期末純資産（資　本）　－　期首純資産（資　本）　＝　当期純損益

このように企業の一会計期間の純利益（利益または損失）を期首と期末の純資産（資本）をもとに計算する方法を財産法という。期末貸借対照表は企業の財政状態を明らかにする目的で、期末時点の資産、負債、純資産（資本）の各項目と金額を報告する財務諸表であるが、純資産（資本）は期末の金額をそのまま表記するのではなく期首の純資産（資本）と財産法に基づき計算された当期純損益とを分けて表示する。

第 1 章・練習問題

1　下記の文章の（①）～（⑥）に適語を埋めなさい。

財務諸表の一つである（　①　）は企業の（　②　）を明らかにすることを目的にその左側に企業の資産に属する各項目名と金額を、右側に（　③　）に属する各項目名と金額、その下には（　④　）に属する各項目名と金額を記載する。会計書類には表示書式が左右に割り振られたものが多い。会計ではこうした書式の左面を（　⑤　）と呼び、右面を（　⑥　）と呼んでいる。

①	②	③
④	⑤	⑥

2　下記の各勘定科目はそれぞれ資産、負債、純資産（資本）のいずれに分類されるか。各勘定科目の属性を示しなさい。

現金、諸預金、資本金、商品、建物、売掛金、買掛金、貸付金、借入金、備品

現金…	諸預金…	資本金…	商品…	建物…
売掛金…	買掛金…	貸付金…	借入金…	備品…

3　延岡商店（個人企業）の20XX年1月1日と20XX年12月31日の資産、負債の状況は次のとおりである。この資料に基づいて延岡商店の12月31日の貸借対照表を作成しなさい。資本は各自計算すること。なお、会計期間は1月1日から12月31日であり、またこの間の資本の増減は当期の純損益とする。

20XX年1月1日
　　現金 ¥100,000　諸預金 ¥300,000　　売掛金 ¥30,000　商品 ¥50,000　備品 ¥170,000
　　借入金 ¥200,000
20XX年12月31日
　　現金 ¥80,000　諸預金 ¥350,000　　売掛金 ¥100,000　商品 ¥150,000　備品 ¥230,000
　　借入金 ¥180,000　買掛金¥250,000

貸 借 対 照 表

　　　　商店　　　　　　　　20XX年12月31日

資　　産	金　　額	負債および純資産	金　　額

第2章 収益・費用と損益計算書

　本章では財務諸表の一つである損益計算書とその構成要素である収益、費用についてみていく。企業は期末に貸借対照表や損益計算書を作成する。期末日は決算（損益を決する）日と呼ばれることもある。これは簿記一巡の手続きの中で、当期純損益（当期純利益または当期純損失）が期末日を基準に算定されるためである。決算結果である当期純利益ないし当期純損失が貸借対照表や損益計算書には記載される。そのため貸借対照表や損益計算書を決算書と呼ぶこともある。会社法は企業に決算書（損益計算書と貸借対照表）を10年間保存することを義務づけている。

2.1 損益計算書概要

　損益計算書は、企業の経営成績を明らかにすることを目的に、収益、費用を構成要素として作成される財務諸表である。損益計算書はその左側に企業の費用に属する各項目名と金額を、右側に収益に属する各項目名と金額を記載する。つまり損益計算書は借方に費用、貸方に収益の状況を記載した財務諸表である。

損 益 計 算 書

高知商店　　　　　○年1月1日から○年12月31日

費　用	金　額	収　益	金　額
給　　　料	20,000	受 取 手 数 料	30,000
水 道 光 熱 費	10,000	受 取 家 賃	20,000
宣 伝 広 告 費	2,500	受 取 利 息	500
当 期 純 利 益	18,000		
	50,500		50,500

　損益計算書は、表の冒頭にその表が損益計算書であることを明記し、その下に商店名ないし企業名と報告対象の期間を記す。前章でみたように期末貸借対照表はここに期末（決算）日を記したが、損益計算書は会計期間を記す。これは貸借対照表が期末日時点の資産や負債、純資産（資本）を記載しているのに対し、損益計算書の各費用や各収益額は、それが期末日当日に生じたのではなくこの期間にわたり生じてきた累積額だからである。

　収益総額が費用総額を上回る場合、その差額は当期純利益である。下回る場合は当期純損失であ

る。当期純利益の場合は借方の費用項目下段に、当期純損失の場合は貸方の収益項目下段に、それぞれ当期純利益または当期純損失という項目名とその金額とを赤色で記載する。赤で記載することを朱書きという。なぜ朱書きするのかについては後述する。

　企業が損益計算書の借方で費用の各項目を、貸方で収益の各項目を、さらにその差額を当期純損益として報告する様子を等式であらわしたものを損益計算書等式と呼ぶ。

　　　費用総額　　＋　　純利益　　＝　　収益総額　・・・・・・・　損益計算書等式

以下、損益計算書の構成要素である収益、費用についてみていく。

2.2　収益（Revenue）

　収益とは、企業の純資産（資本）を増加させるものであり、事業投資（元手を用いた活動）へのみかえりとして獲得した価値である。これは資産の増加もしくは負債の減少を伴う。収益には「商品売買益」、「受取手数料」、「受取家賃」、「受取地代」、「受取利息」などがある。

収益の例	
商品売買益	商品の販売価額と仕入れ価額（原価）との差額
受取手数料	サービス（用役）提供により得た手数料
受取地代	土地を貸し付けていることに対する受取額
受取家賃	家屋を貸し付けていることに対する受取額
受取利息	金銭の貸し付けや預金に対して受け取った利息

2.3　費用（Expenses）

　費用とは、企業の純資産（資本）を減少させるものであり、収益を獲得するための犠牲価値である。これは資産の減少もしくは負債の増加を伴う。費用には「給料」、「広告料」、「通信費」、「水道光熱費」、「消耗品費」、「支払地代」、「支払家賃」、「雑費」、「支払利息」などがある。

費用の例	
給料	従業員に対する労働対価
広告料	ネット、テレビ、新聞、広告など各種媒体を利用した広告宣伝活動費
通信費	電話代、ネット通信料の他、切手代、はがき代などの郵便料金
水道光熱費	電気代、ガス代、水道代など
消耗品費	事務文具やコピー用紙、帳票用紙代など
支払地代	土地を借りていることに対する賃借料
支払家賃	家屋を借りていることに対する賃借料
雑費	少額もしくは頻度が低く個別項目名を付すほどではない費用。例えば新聞・雑誌購読料、来客用の茶や菓子代
支払利息	金銭の借り入れに対して支払う利息

２．４　損益計算書と損益計算

　収益は獲得価値であり、費用はそのための犠牲価値であった。獲得価値と犠牲価値の差額が当期純損益であり、これを式で表現すると以下のようになる。

　　　　収益総額　　　−　　　費用総額　　　＝　　　当期純利益（マイナスの場合は当期純損失）

　このように企業の一会計期間の純損益（利益または損失）を収益総額と費用総額との差額として計算する方法を損益法という。損益計算書は企業の経営成績を明らかにする目的で、収益および費用の各項目と金額を報告する財務諸表であるが、加えて損益法で算定した当期純損益を報告する財務諸表である。

例題２−１

　福山商店の○１年１月１日から○１年12月31日の間に生じた収益、費用は以下であった。これらを用いて損益計算書を作成しなさい。なお、当期純損益は各自計算すること。

　　　　給　　　料　¥30,000　　　水道光熱費　¥10,000　　　宣伝広告費　¥5,000

　　　　受取手数料　¥20,000　　　受取家賃　¥20,000　　　受取利息　¥　500

解答

損 益 計 算 書

福山商店　　　　　　○１年１月１日から○１年12月31日

費　　用	金　　額	収　　益	金　　額
給　　　　　料	30,000	受 取 手 数 料	20,000
水 道 光 熱 費	10,000	受 取 家 賃	20,000
宣 伝 広 告 費	5,000	受 取 利 息	500
		当 期 純 損 失	4,500
	45,000		45,000

２．５　貸借対照表と損益計算書の関係

　前章でみたように貸借対照表では財産法に基づく純損益計算が行われていた。また損益計算書では損益法に基づく純損益計算が行われている。純損益計算の考え方には上記のように財産法と損益法とがあるが、これらはその計算根拠が異なっていても同一期間の事象に対しては同額の純損益が算定される。

二つの計算方法

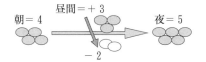

朝＝4　　昼間＝＋3　　夜＝5
　　　　　　　　－2

時点・・・・夜と朝（ストック）の比較　　5－4＝+1
期間・・・・流入と流出（フロー）の比較　3－2＝+1
　　　　　　　　　　※二つの計算結果は同じ

　この関係を上図でみてみる。朝のテーブルにリンゴが4つあった。昼間には3つ新たに獲得したが、2つは消費した。結果、夜のテーブルにはリンゴは5つだった。この例で、リンゴはいくつ増減したかを質問したとしよう。

　昼間のリンゴの獲得や消費を知らない者は、朝＝4のリンゴと夜＝5のリンゴを比較することしかできない。その者が行う増減計算は、5－4＝1である。そして1増加と算定する。一方、朝夕の状態を把握しないまま、昼間に生じた状況のみを知っている者にとっては、獲得（流入）分と消費（流出）分とを比較するしかない。したがってその増減計算は、3－2＝1である。ここでも1増加と算定される。これらは観察場面を、朝と夜という二時点の比較としているのか、あるいは昼間の期間の比較としているかの違いがあるが、共に一つの事象を観察しており、増分の算定結果は同一である。

　ここで朝と夜のリンゴの比較は二時点の状態比較でありストック計算と呼ばれる。これは貸借対照表における当期純損益計算の考え方である財産法に利用されている。つまり期末純資産（資本）と期首純資産（資本）の差額を当期純損益と算定した。次に昼間（朝と昼の間）のリンゴの比較は期間の流入量と流出量の比較でありフロー計算と呼ばれる。これは損益計算書における当期純損益計算の考え方である損益法に利用されている。つまり価値の獲得（流入）たる収益と価値の犠牲（流出）たる費用の差額を当期純損益と算定した。ストック計算とフロー計算の結果が同じであることからも明らかなように、当該会計期間の貸借対照表と損益計算書に記された当期純利益は必ず一致する。それはストック計算に基づく貸借対照表が価値増減の結果（夕方のテーブルのリンゴ）を報告するのに対し、損益計算書はその増減の原因（昼間の流入と流出）を報告しているからである。

先のリンゴの例で

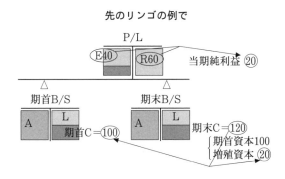

例題2－2

以下の表の空欄①～④に適切な金額を埋めよ。

期首貸借対照表（B/S）			期末貸借対照表（B/S）			期中損益計算書（P/L）		
資産	負債	純資産(資本)	資産	負債	純資産(資本)	収益	費用	純損益
130	30	①	160	②	③	60	④	20

解答

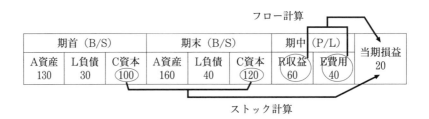

貸借対照表等式より　→　130 ＝ 30 ＋ ①　　　　　　　　　　故に① ＝ 100

①100（期首資本）＋ 20（当期利益）＝ ③期末資本　　　　故に③ ＝ 120

貸借対照表等式より　→　資産160 ＝ ② ＋ ③（期末資本 120）　故に② ＝ 40

損益計算書等式より　→　④ 費用 ＋ 純損益 20 ＝ 収益 60　　故に④ ＝ 40

　ここで最後に財務諸表での当期純損益の表示についてみておきたい。貸借対照表の当期純損益の表示は、一般的に黒書き（通常の色で表示）される。しかし損益計算書では朱書きすることをすでに説明した。この表示の相違は以下を理由として行われる習慣である。上でみたように当期純損益は価値の流入と流出を起因として結果的に期首から期末にかけて純資産（資本）の増減となった部分である。つまり当期純損益はすでに期末純資産（資本）の一部を構成していると考えてよい。純資産（資本）が貸借対照表で報告されるのは当然である。しかし実質的に純資産（資本）の性質にある数値が損益計算書で報告されるのは、便宜上ここで損益法での当期純損益を示しておく必要からである。よって損益計算書上の当期純損益は、費用でも収益でもなく単なる差額概念でしかないため朱書きで示すことを習慣としている。

第2章・練習問題

1　下記の文章の(①)～(⑦)に適語を埋めなさい。

　損益計算書は、企業の（　①　）を明らかにすることを目的に作成される財務諸表で、その借方に（　②　）に属する各項目名と金額を、貸方に（　③　）に属する各項目名と金額を記載する。収益総額が費用総額を上回る場合、その差額は（　④　）で、下回る場合は（　⑤　）である。このように企業の一会計期間の純損益（利益または損失）を収益総額と費用総額との差額

として計算する方法を（　⑥　）という。これに対し貸借対照表では（　⑦　）に基づく純損
益計算が行われている。

①	②	③
④	⑤	⑥
⑦		

2　高千穂商店（個人企業、会計期間は1月1日から12月31日）の20XX年1月1日と20XX年12
月31日の資産、負債およびこの期間の収益、費用は次のとおりである。この資料に基づいて高千
穂商店の期末貸借対照表と損益計算書を作成しなさい。なお、期末の売掛金の額は各自計算する
こと。

20XX年1月1日
　現金 ¥190,000　諸預金 ¥300,000　売掛金 ¥50,000　商品 ¥100,000　備品　¥150,000
　借入金 ¥200,000　買掛金 ¥90,000
20XX年12月31日
　現金 ¥200,000　諸預金 ¥250,000　売掛金 各自計算　商品 ¥50,000　備品　¥230,000
　借入金 ¥180,000　買掛金 ¥50,000
20XX年1月1日～20XX年12月31日
　商品売買益 ¥750,000　受取手数料 ¥250,000　受取利息 ¥1,000
　給料 ¥460,000　広告宣伝費 ¥38,000　通信費 ¥20,000　水道光熱費 ¥30,000
　支払家賃 ¥350,000　支払利息 ¥3,000

貸 借 対 照 表

商店　　　　　　　　　20XX年12月31日

資　　産	金　　額	負債および純資産	金　　額

損 益 計 算 書

商店　　　20XX年 1 月 1 日から20XX年12月31日

費　　用	金　　額	収　　益	金　　額

第3章　取引と勘定

　取引を継続的・網羅的に記録、計算し、貸借対照表や損益計算書などの財務諸表にとりまとめ報告書とする一連の手続きが簿記であった。また取引の都度、貸借対照表の構成要素である資産や負債、純資産（資本）、損益計算書の構成要素である収益、費用の各項目はその状況が変化した。そのため取引ごとに貸借対照表や損益計算書を更新することは可能である。しかしその手間と作業量から、一般的に財務諸表の作成は期末にこれを行うことをここまでの章でみてきた。

　取引のたびに財務諸表を更新しないまでも、期末にそれまでの取引の影響を踏まえた財務諸表を作成するためには、会計期間中の取引による資産、負債、純資産（資本）、収益、費用の状況変化を記録しておく必要がある。本章では、取引とは何か、そして取引によるこれらの継続的、網羅的に記録する方法についてみていく。

3.1　取引とは

　簿記に限らず社会一般でも「取引」という表現が使用される。例えば「宮崎商店が商品¥4,000を現金で仕入れた」としよう。宮崎商店のこの事象を社会一般では取引という。簿記でもこの事象を取引という。しかし社会通念上の取引概念と簿記上の取引概念は、共通する部分が多いものの同じではない。

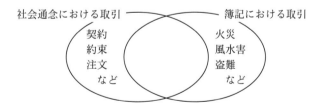

　簿記では、資産、負債、純資産（資本）を増加あるいは減少させるか、もしくは収益、費用を発生あるいは消滅させる事象を取引と定義している。冒頭の「宮崎商店が商品¥4,000を現金で仕入れた」事象では、資産のうち商品という項目の金額が¥4,000増加し、同じく資産のうち現金という項目の金額が¥4,000減少している。そのため簿記でも取引となる。一方、「宮崎商店が商品¥4,000を現金で仕入れる契約をした」事象を考えてみる。社会通念上はこれも取引という。しか

しこの事象では商品も現金もこの時点では増減しない。したがって簿記では取引ではない。さらに「宮崎商店が台風被害に遭遇し、建物￥1,000,000を失った」事象をみてみる。社会通念上これを取引とはいわないであろう。しかしこの事象により宮崎商店では資産のうち建物が￥1,000,000減少し、費用^{注1}である災害損失が￥1,000,000発生している。それ故、この事象は簿記では取引である。

（注1…各種損失は費用に属す。第2章でみたように費用は「企業の純資産（資本）を減少させるものであり、収益を獲得するための犠牲価値である。これは資産の減少もしくは負債の増加をともなう」。火災や風水害、盗難による価値消滅は成果としての収益獲得に対して努力としての価値犠牲たる合理性が極めて希薄であり、言語通念的に「損失」と表現される。しかしこれらも広義に事業上の価値犠牲であり、その属性は費用となる。）

例題3－1

次の事象のうち簿記上の取引には「○」、取引でないものには「×」を記しなさい。またそれが取引の場合には、増加、減少ないし発生、消滅が生じた各項目の名称とその項目の分類属性、および金額を記しなさい。
　(1)　銀行から現金￥70,000を借り入れた。
　(2)　月給￥130,000で社員を雇うことにした。
　(3)　商品￥4,000を現金で仕入れた。
　(4)　商品￥3,000を代金後払いで購入した。
　(5)　隣地を駐車場として月、￥5,000で借りる契約を結んだ。
　(6)　手数料として現金￥2,000を受け取った。
　(7)　ボヤ火災にみまわれ、商品￥5,000が焼失した。

解答
　(1)　○　現金（資産）が￥70,000増加、借入金（負債）が￥70,000増加
　(2)　×
　(3)　○　商品（資産）が￥4,000増加、現金（資産）が￥4,000減少
　(4)　○　商品（資産）が￥3,000増加、買掛金（負債）が￥3,000減少
　(5)　×
　(6)　○　現金（資産）が￥2,000増加、受取手数料（収益）が￥2,000発生
　(7)　○　商品（資産）が￥5,000減少、火災損失（費用）が￥5,000発生

3．2　勘定科目と勘定口座

資産に分類される項目には、現金、商品、備品、建物などがあった。これを簿記では勘定科目あるいは勘定科目名と呼ぶ。これまでにみてきた資産、負債、純資産（資本）、収益、費用には以下のような勘定科目があった。

貸借対照表に関する勘定科目

　　資産・・・・・・・現金、所預金、貸付金、売掛金、商品、備品、車両運搬具、建物、土地など

　　負債・・・・・・・買掛金、借入金など

　　純資産（資本）・・資本金など

損益計算書に関する勘定科目

　　収益・・・・・・・商品売買益、受取手数料、受取地代、受取家賃、受取利息

　　費用・・・・・・・給料、広告料、通信費、水道光熱費、消耗品費、

　　　　　　　　　　　　　　　　　　支払地代、支払家賃、雑費、支払利息、火災損失

　各勘定科目の状況は取引により変化する。前節の宮崎商店が商品¥4,000を現金で仕入れた取引では、勘定科目「商品」（資産）が¥4,000増加し、勘定科目「現金」（資産）が¥4,000減少した。期末に貸借対照表を作成するためには、この各勘定科目の変化の状況を記録しておかねばならない。その記録のために設定された場所を勘定口座という。各勘定口座は、企業等が取引で関わるすべての勘定科目に対して必要である。各勘定口座は一つの帳簿にまとめられ、取引の原始記録簿の役割を果たしている。これを総勘定元帳という。

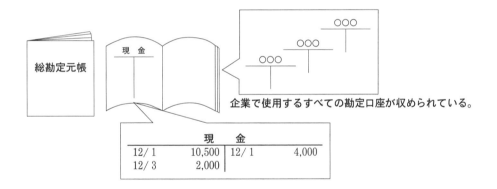

企業で使用するすべての勘定口座が収められている。

	現　金		
12/ 1	10,500	12/ 1	4,000
12/ 3	2,000		

　勘定口座を簡略的に示す際は上記のようにアルファベットの「Ｔ」の文字を模した罫線の中央にその勘定科目名を標記する。ここでも中央から左面を借方、右面を貸方と呼び、次節で詳述するルールにしたがってその科目に生じた増減金額を取引の日付とともに記入する。こうした帳簿に記入することを記帳という。

　勘定口座の書式には、標準式と残高式とがある。

標準式　　　　　　　　勘定科目

日付	摘　要	仕丁	借　方	日付	摘　要	仕丁	貸　方

残高式　　　　　　　　勘定科目

日付	摘　要	仕丁	借　方	貸　方	借または貸	残　高

またこの様な正式な書式では日付と金額を記帳する欄以外に、摘要欄や仕丁欄などが設けられている。これらを含め具体的な記帳については仕訳以降の章で確認する。

3.3 勘定口座への記帳ルール

各勘定口座の記帳方法をみてみる。例えば企業へ現金が入ってくれば、これは現金の勘定口座に記帳せねばならない。この場合、その取引日と金額とを現金の勘定口座の借方に記帳する。一方、現金が支出された場合はその取引日と金額とを貸方に記帳する。現金という資産の勘定口座では、増加は借方に、減少は貸方に記帳するルールである。銀行に預金をした場合も、預金が増加するのでこれは借方記帳（「借記」するということもある）。預金を引き出した場合は預金が減少するので貸方記帳される（「貸記」するということもある）。資産に属するすべての勘定科目の口座で、増加は借方記帳、減少は貸方記帳である。

しかしこのルールは負債に属する勘定科目では逆となる。例えば銀行から借り入れをすれば借入金という負債が増加する。この場合はその取引日と金額とを借入金勘定口座の貸方に記帳する。逆に借入金を返済すると負債が減少する。この場合はその取引日と金額とを借入金の勘定口座の借方に記帳する。これらのルールを勘定科目の資産、負債、資本（純資産）、収益、費用別に整理すると以下のようになる。

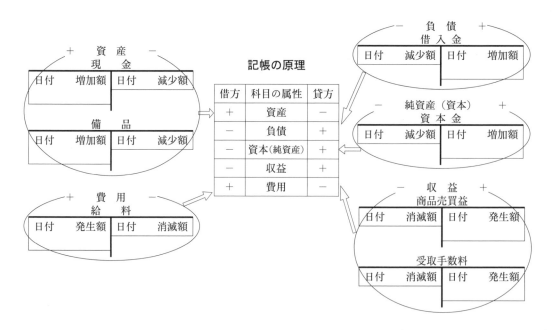

このような勘定口座の記帳ルールは貸借対照表と損益計算書の書式と密接に関係している。貸借対照表は期末日の資産に関する各勘定科目の金額を借方で、負債と純資産（資本）に関する金額を貸方で報告していた。また損益計算書は期中に発生した費用の各勘定科目の累計額を借方で、収益の累計額を貸方で報告している。

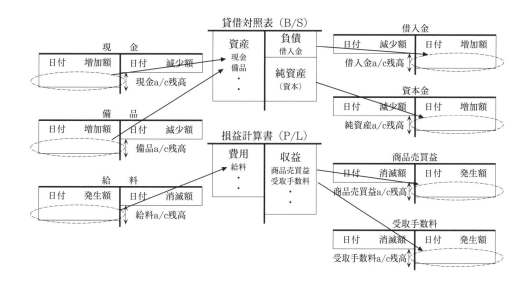

　現金の勘定口座を例にとると、借方には現金の増加すなわち企業が当初から所持していた額（繰越額という）に続けて取引で得た収入額が、貸方には現金の減少すなわち支出額が取引のつど継続的に記録される。借方記帳の金額総計は繰越額を含めた総収入額である。貸方総額は支出総額である。手元にある額以上に支出を行うことはできないので、現金の勘定口座は必ず「借方合計（繰越額＋総収入額）≧貸方合計（総支出額）」となる。借方合計から貸方合計を差し引いた額を借方残高という。現金勘定口座の借方残高は計算を行った時点でのその企業の現金有高を意味する。この計算日が期末日であれば、これが貸借対照表に報告される現金の金額ということになる。同様に借入金の勘定口座では、貸方合計額は借入合計額であり借方合計は返済合計額である。借り入れた額以上に返済することはない[注2]ので、借入金の勘定口座では必ず「借方合計（返済総額）≦貸方合計（借入総額）」である。計算を行った日が期末日であれば、借入金の勘定口座は貸方残高がその企業の貸借対照表に報告される借入金の金額となる。

　収益、費用に関する勘定口座でも同様である。受取手数料が発生すれば貸方記帳する。収益や費用が消滅する取引の頻度は低いが、もし受け取った手数料を何らかの理由で取り消さねばならないような場合がこれに該当する。受取手数料の取り消しは、受取手数料勘定口座にその取引日と金額を借方記入する。発生額以上に消滅（取消）が生じることはないので受取手数料勘定口座は必ず貸方残高となり、これが損益計算書に報告される。

　貸借対照表や損益計算書は、総勘定元帳の各勘定口座の期末日における勘定残高を取りまとめて報告書とした表ということができる。そのため各勘定口座の記帳ルールは、貸借対照表および損益

計算書で借方に表示される資産や費用の勘定口座では借方にその増加ないし発生を、貸方に減少ないし消滅を記帳する。また貸借対照表および損益計算書で貸方に表示される負債や純資産（資本）および収益の勘定口座では貸方にその増加ないし発生を、借方に減少ないし消滅を記帳するルールとなっている。

　　（注2…金銭貸借である借入れでは、借り手は借入れた額以上に貸し手に金銭を渡すことがある。しかしこの額は元金の返済（負債の減少）部分と支払利息（費用の発生）部分とに区別される。元金（借入金）自体は借りた額以上に返済することはない。）

３．４　取引の分解と貸借平均の原則

　取引は常に二面性を持っている。例えば「宮崎商店は備品￥150,000を購入し、代金は現金で支払った」取引では、備品という資産が￥150,000増加し、現金という資産が￥150,000減少している。このように取引は各勘定科目における増加・減少ないし発生・消滅が二つ以上生じる。取引によって生じる増加・減少ないし発生・消滅の組み合わせを示すと下図のようになる。

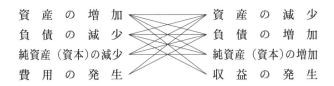

　組み合わせとして存在しないのは、一つの取引の中で費用が発生し同時に収益が発生するような事象である。また費用の発生と同時に純資産（資本）が増加する事象、さらに収益の発生と同時に純資産（資本）が減少する事象も存在しない。これは費用がそもそも純資産（資本）を減少させ、収益が純資産（資本）を増加させるという定義（概念）であるためである。

　本節の冒頭の取引「宮崎商店は備品￥150,000を購入し、代金は現金で支払った」は、備品（資産）￥150,000の増加と現金（資産）￥150,000の減少とに分解される。そしてその記録のためそれぞれ備品の勘定口座と現金の勘定口座とにその増減額が記帳される。

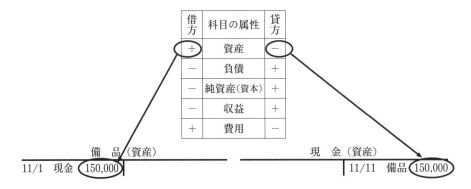

備品（資産）が¥150,000増加　　→　　備品勘定口座に¥150,000を借方記入

現金（資産）が¥150,000減少　　→　　現金勘定口座に¥150,000を貸方記入

　取引の分解に基づく記帳では、借方に記帳される金額と貸方に記帳される金額の合計は必ず一致する。これは借方と貸方の科目数に関係なく常に一定である。例えば商品¥100,000を仕入れ、代金は¥30,000を現金で支払い、残りは掛けとした場合を考えてみる。これは以下のように分解されさらに各勘定口座に記帳される。

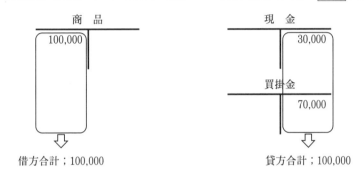

商品（資産）が　　¥100,000 増加　→　商品勘定口座に 借方 記入

現金（資産）が　　¥ 30,000 減少　→　現金勘定口座に 貸方 記入

買掛金（負債）が　¥ 70,000 増加　→　買掛金勘定口座に 貸方 記入

　取引はこれを各勘定科目の変化に分解し、該当の各勘定口座へ記帳する。ここで分解された借方と貸方項目あるいは記帳した借方合計と貸方合計が必ず一致することを貸借平均の原則という。

第3章・練習問題

1　取引の記帳ルールに基づき、下記の勘定口座の（　　　）に増加、減少、発生、消滅の語を埋めよ。

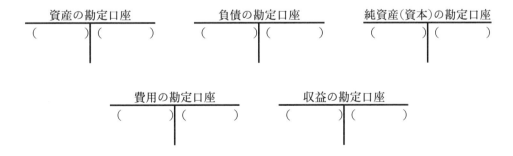

2　次に示す事象が簿記上の取引であれば○、取引でなければ×を（　）に記しなさい。また取引（○）の場合は、それがどのような取引要素の結合なのか例にしたがって記しなさい。取引でな

い（×）場合は（　）の右に続く枠は空欄でよい。

（例）電話代¥10,000が預金口座から引き落とされた。
（1）　月給¥150,000で、今月から従業員を雇うことにした。
（2）　倉庫用に建物を借り、今月分の家賃¥50,000を現金で支払った。
（3）　商品¥100,000の発注を福岡商店に電話で行った。
（4）　ボヤ火災が発生し、事務用パソコン1台¥150,000を使用できない状態で破棄した。
（5）　水漏れが発生し、コピー用の用紙¥5,000が使用できない状態でとなり破棄した。
（6）　買掛金¥30,000を預金から支払った。

	○または×	借方要素	勘定科目	貸方要素	勘定科目
例	（　○　）	費用の発生	通信費	資産の減少	諸預金
(1)					
(2)					
(3)					
(4)					
(5)					
(6)					

第4章　仕訳と転記

4.1　仕訳とは

　仕訳とは、日々の取引を、取引要素を示す勘定科目に分類し、金額とともに借方（左側）と貸方（右側）に分類して記入することをいう。

　簿記では取引を原因（例えば銀行から借り入れた）と結果（例えば現金が増えた）のように二面的に捉える。これを取引の二面性という。

　仕訳は、以下の手順で行う。

①　取引を原因と結果に分解する。

②　記入する勘定科目を決める。

③　各勘定科目の借方・貸方を決める。

④　金額を決める。

　なお、借方もしくは貸方にふたつ以上の勘定科目が出てくる場合は、その借方勘定の合計金額と貸方勘定の合計金額は一致する。これを貸借平均の原則という。

例題4-1

　次の取引を分解し、上記①から④の手順にしたがって判断・決定を行い、仕訳しなさい。

取引：5/1に備品¥100,000を購入し、代金は現金で支払った。

解答

①　取引の分解

　　原因：備品を購入した　　結果：現金で支払った

②　記入する勘定科目を決める

　　備品勘定　と　現金勘定

③　各勘定の借方・貸方を決める

　　貸借記入の原則にしたがって、備品（資産の増加）は借方へ記入し、現金（資産の減少）は貸方へ記入する

④ 金額を決める

資産（備品）の増加が¥100,000、資産（現金）の減少が¥100,000である

	借方科目	金　額	貸方科目	金　額
5/1	備　　　　品	100,000	現　　　　金	100,000

例題 4 - 2

次の取引を仕訳しなさい。ただし、以下の勘定科目を用いること。

勘定科目：現金、商品、売掛金、備品、買掛金、資本金、商品売買益、給料

4月1日　現金¥2,000,000を元入れして、萱の森商事を開業した。

　　2日　柚須商店から商品¥250,000を購入した。代金は掛けとした。

　　10日　原町商店に商品¥120,000（購入原価¥100,000）を売り渡し、代金は現金で受け取った。

　　12日　長者原商店に対する買掛金のうち¥150,000を現金で支払った。

　　16日　門松商店から事務用の机・椅子¥100,000を購入し、代金は現金で支払った。

　　19日　篠栗商店から商品¥200,000を購入し、代金のうち¥100,000は現金で支払い、残額は掛けとした。

　　22日　山手商店に商品¥175,000（購入原価¥140,000）を売り渡し、代金は掛けとした。

　　25日　アルバイト従業員に本月分の給料¥85,000を現金で支払った。

　　28日　柚須商店に対する売掛金のうち¥125,000を現金で受け取った。

解答

日付	借方科目	金　額	貸方科目	金　額
4/ 1	現　　　　金	2,000,000	資　本　金	2,000,000
2	商　　　　品	250,000	買　掛　金	250,000
10	現　　　　金	120,000	商　　　　品 商 品 売 買 益	100,000 20,000
12	買　掛　金	150,000	現　　　　金	150,000
16	備　　　　品	100,000	現　　　　金	100,000
19	商　　　　品	200,000	現　　　　金 買　掛　金	100,000 100,000
22	売　掛　金	175,000	商　　　　品 商 品 売 買 益	140,000 35,000
25	給　　　　料	85,000	現　　　　金	85,000
28	現　　　　金	125,000	売　掛　金	125,000

４．２ 転記とは

　転記とは、仕訳帳の仕訳を総勘定元帳の勘定口座に移記する手続きのことをいう。転記の手続き
は、仕訳の借方科目を当該勘定の借方に日付、相手勘定科目、金額を記入する。同様に仕訳の貸方
科目を当該勘定の貸方に日付、相手勘定科目、金額を記入する。相手勘定科目が２科目以上の場合
は、相手勘定科目に「諸口」と記入する。

	借方科目	金　額	貸方科目	金　額
5/1	備　　　品	100,000	現　　　金	100,000

備品
5/1　現金　100,000

現金
5/1　備品　100,000

相手科目を記入

相手科目を記入

４．３ 仕訳帳と総勘定元帳

　帳簿には、仕訳帳と総勘定元帳という「主要簿」と、その他の帳簿である「補助簿」がある。補
助簿には、補助記入帳と補助元帳が含められる。補助記入帳には、現金出納帳、小口現金出納帳、
当座預金や普通預金などの預金出納帳、仕入帳、売上帳、受取手形記入帳および支払手形記入帳が
ある。補助元帳には商品有高帳、売掛金元帳（得意先元帳）および買掛金元帳（仕入先元帳）があ
る。これらは、本書の当該箇所にて学習する。

　仕訳帳は日付、摘要、元丁、借方金額および貸方金額を記入する欄が設けられている。

　下記の仕訳の場合、

	借方科目	金　額	貸方科目	金　額
4/1	現　　　金	20,000	資　本　金	20,000

　仕訳帳の初めの行に日付を記入し、勘定科目は借方と貸方の勘定科目１つにつき１行に記入し、
借方を摘要欄の半分より左側に記入し、貸方を摘要欄の半分より右側に記入する。元丁は、総勘定
元帳のページ数を記入する。金額欄は、借方科目であれば借方に、貸方科目であれば貸方に金額を
記入する。

	仕　訳　帳			1

日付	摘　　要	元丁	借　　方	貸　　方
1　1	（現　　金）	1	20,000	
	（資　本　金）	15		20,000

　元帳には　標準式と残高式がある。標準式には借方側および貸方側には、日付、摘要（相手科目を記入）、仕丁（仕訳帳のページ数）、金額欄が設けられている。残高式には日付、摘要（相手科目を記入）、仕丁（仕訳帳のページ数）の部分は、同じで、借方金額、貸方金額、借/貸、残高欄が設けられている。借/貸欄は、残高が借方か貸方を示す。

標準式

		現　　金					1
日付	摘　要	仕丁	借　　方	日付	摘　要	仕丁	貸　　方
1　1	資本金	1	20,000				

残高式

		現　　金				1
日付	摘　要	仕丁	借　　方	貸　　方	借/貸	残　　高
1　1	資本金	1	20,000		借	20,000

残高が借方か貸方を示す

　転記に際しては、仕訳帳の元丁欄に、転記がされた元帳のページ数を記入する。また、元帳の仕丁欄には仕訳帳のページ数を記入する。これは、あとから両方の帳簿の記入を照合する必要が生じたときに便利であること、転記もれや二重転記を防止することができるからである。なお、標準式の元帳の簡易版としてT字型によることがある。

第4章・練習問題

例題4－2の仕訳を総勘定元帳（Ｔ字型）に転記しなさい。ただし、元帳を締め切る必要はない。

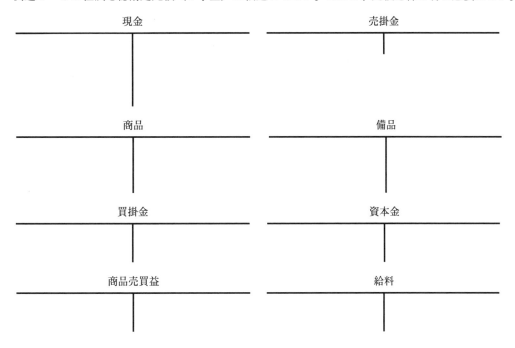

第5章　仕訳帳と総勘定元帳

5.1　仕訳帳とは

　仕訳帳とは、取引の仕訳をその発生順に記帳する帳簿のことをいう。仕訳帳は、勘定口座に転記することで、勘定口座の記入上の間違いや記入漏れの防止に役立つ。加えて、取引の発生順にその記録を残すという役割を果たしている。

　仕訳帳は、取引を最初に記入する帳簿なので、原始簿あるいは原始記入簿といわれる。仕訳帳に記入する段階で誤りがあると、そこから転記によって書き移される勘定記入も誤ったものになるため、仕訳帳は特に正確さが要求される。仕訳帳は、後で取り上げる総勘定元帳とともに、すべての取引が記入される帳簿であるため主要簿と呼ばれる。

5.2　仕訳帳の記入法

　仕訳帳には、日付欄、摘要欄、元丁欄、借方金額欄および貸方金額欄が設けられている。仕訳帳の形式と記入法は、次のとおりである。

① 取引が発生した月日を記入する。なお、月が変わらない場合には、仕訳帳のページの最初にだけ月を記入する。また、同じ日に取引が発生した場合は、日のところに「〃」と記入する。

② 摘要欄に仕訳の勘定科目と小書きを記入する。小書きとは、取引の簡単な説明のことをいう。勘定科目を記入する際には、借方勘定を左に、貸方勘定を右に、それぞれカッコをつける。借方・貸方の一方もしくは両方に複数の勘定科目が記入される場合には、勘定科目の上の行に「諸口」と記入する。諸口にはカッコをつけない。

③ 次の取引を記入する際には、区切りの線を摘要欄に記入する。

④ 元丁欄には、仕訳帳から総勘定元帳に転記した際に、勘定口座のある総勘定元帳のページ数、あるいは勘定口座の番号を記入する。そうすることで、転記漏れや二重転記を防ぐとともに、記録の照合に役立つ。

⑤ そのページの記入を終えたら、同じページの最後の行のすぐ上の行に、赤の単線を引き、その下に借方欄と貸方欄の合計金額をそれぞれ記入する。

仕訳帳の形式は、以下のとおりである。

仕　訳　帳

1

令和○年		摘　　　　要	元丁	借　　方	貸　　方
8	1	（現　　　金）	1	1,000,000	
		（資　本　金）	7		1,000,000
		元入れして営業開始			
	〃	（商　　品）　　　諸　口	3	250,000	
		（現　　　金）	1		100,000
		（買　掛　金）			150,000
		萱の守商事から仕入れ	5		
		（中　　略）			
	30	（買　掛　金）	5	100,000	
		（現　　　金）	1		100,000
		萱の守商事に掛け代金支払い			
				7,570,000	7,570,000

5.3　総勘定元帳とは

　総勘定元帳とは、取引の記録に必要なすべての勘定口座をまとめた帳簿のことをいう。総勘定口座は、仕訳帳からすべての仕訳が転記されることによって、すべての資産・負債・資本の増減額や収益・費用の発生額が記録される。その記録は、期末に貸借対照表および損益計算書を作成するための基礎資料となる。

5.4　総勘定元帳の記入方法

　総勘定元帳の記入法は次のとおりである。

① 日付欄
　仕訳帳に記入されている取引の日付を記入する。
② 摘要欄
　摘要欄には、仕訳を行った場合のその相手勘定を記入する。仮に、仕訳帳で借方に記帳した項目を転記する場合は、貸方に記帳された勘定科目を記入する。相手勘定が複数ある場合には、諸口と

記入する。

③　仕丁欄

転記された仕訳が記載された仕訳帳のページ数を記入する。これは、仕訳帳の記録と照合する必要がある場合に役立つ。

④　借方欄・貸方欄

借方に仕訳された項目を転記する場合には、その金額を借方に、貸方に記入された項目を転記する場合には、その金額を貸方に記入する。

上記仕訳帳に記載された取引を、各総勘定元帳に転記すると、以下のようになる。

現　　　金　　　　　　　　　1

月	日	摘　要	仕丁	借　方	月	日	摘　要	仕丁	貸　方
8	1	資 本 金	1	1,000,000	8	1	商　　品	1	100,000

商　　　品　　　　　　　　　3

月	日	摘　要	仕丁	借　方	月	日	摘　要	仕丁	貸　方
8	1	諸　　口	1	250,000					

買　掛　金　　　　　　　　　4

月	日	摘　要	仕丁	借　方	月	日	摘　要	仕丁	貸　方
8	30	現　　金	1	100,000	8	1	商　　品	1	100,000

資　本　金　　　　　　　　　6

月	日	摘　要	仕丁	借　方	月	日	摘　要	仕丁	貸　方
					8	1	現　　金	1	1,000,000

次の取引を仕訳し、各勘定に記入しなさい。元帳転記の際の仕訳帳のページ数は 1 とする。

一般的な企業会計においては、仕訳帳と総勘定元帳は、第 5 章の31～32頁の様式をとる。しかし、本練習問題のみは、弥生会計ソフトにしたがった様式をとる。

4 月 1 日　現金¥1,000,000を元入れして、営業を開始した。

　　　2 日　甲銀行から現金¥200,000を借り入れた。

　　　5 日　A商店から商品¥100,000を購入した。代金は掛けとした。

　　10日　B商店に商品¥45,000（購入原価¥35,000）を売り渡し、代金は現金で受け取った。

　　15日　A商店に対する買掛金のうち¥50,000を現金で支払った。

　　19日　D店から商品¥50,000を購入し、代金のうち¥30,000は現金で支払い、残額は掛けとした。

　　22日　E店に商品¥25,000（購入原価¥18,000）を売り渡し、代金のうち半分は現金で受け取り、残額は掛けとした。

　　25日　今月分の家賃¥5,000を現金で支払った。

　　27日　E商店に対する売掛金のうち¥7,000を現金で受け取った。

解答欄　　　　　　　　　　　　　　　　　　　　　　　　　　（単位：円）

日付	借　方　科　目	金　　　　額	貸　方　科　目	金　　　　額

現　　　　金　　　　1

月	日	借方科目	仕丁	借方金額	月	日	貸方科目	仕丁	貸方金額

売　　掛　　金　　　　2

月	日	借方科目	仕丁	借方金額	月	日	貸方科目	仕丁	貸方金額

商　　　　品　　　　3

月	日	借方科目	仕丁	借方金額	月	日	貸方科目	仕丁	貸方金額

買　　掛　　金　　　　4

月	日	借方科目	仕丁	借方金額	月	日	貸方科目	仕丁	貸方金額

借　　入　　金　　　　5

月	日	借方科目	仕丁	借方金額	月	日	貸方科目	仕丁	貸方金額

資　　本　　金　　　　6

月	日	借方科目	仕丁	借方金額	月	日	貸方科目	仕丁	貸方金額

商　品　売　買　益　　　　7

月	日	借方科目	仕丁	借方金額	月	日	貸方科目	仕丁	貸方金額

支　払　家　賃　　　　8

月	日	借方科目	仕丁	借方金額	月	日	貸方科目	仕丁	貸方金額

第6章　試算表と精算表

　複式簿記の流れは、１．開始手続き→２．期中手続き→３．決算手続きの３段階で行われる。本章では、３．決算手続きの一部分である「試算表」と「精算表」の作成について説明する。

６．１　試算表の作成

ａ．試算表の作成とその目的
　決算手続きは、①決算予備手続き、②決算本手続き、③決算後手続きの３つで構成されており、試算表の作成は、①決算予備手続きの一部分にあたる。
　試算表は、貸借平均の原理を利用して、勘定記入の正否を検証するために作成する。
　試算表には、以下の（1）合計試算表、（2）残高試算表、（3）合計残高試算表の３種類がある。

ｂ．試算表の種類と作成方法
（1）合計試算表
　合計試算表は、総勘定元帳の各勘定の借方合計と貸方合計をそれぞれ集計して作成する。各金額は、取引の合計（フロー）が示されているので、検証能力が高い。

合　計　試　算　表
20x1年×月×日〜20x2年×月×日　　　（単位：円）

借方	勘定科目	貸方

（2）残高試算表
　残高試算表は、総勘定元帳の各勘定の残高を計算して作成する。この表は、勘定記入の正否を確かめるだけでなく、精算表等作成の基礎資料となる。

$$\underline{\text{残 高 試 算 表}}$$

20x2年×月×日　　　　　　　　（単位：円）

借方	勘定科目	貸方

（3）合計残高試算表

合計残高試算表は、合計試算表と残高試算表を1つにまとめた表である。

$$\underline{\text{合 計 残 高 試 算 表}}$$

20x1年×月×日〜20x2年×月×日　　　　　　　　（単位：円）

借　方		勘定科目	貸　方	
残高	合計		合計	残高

ｃ．試算表作成例

現　金

借方合計 700 ｛ 500 / 200 ｜ 100 ｝ 貸方合計 100

※　貸借差額　700 － 100 ＝ 600（借方残高）

借　入　金

100 ｜ 200

※　貸借差額　200 － 100 ＝ 100（貸方残高）

資　本　金

｜ 500

※　貸借差額　500 － 0 ＝ 500（貸方残高）

(1) 合計試算表

合 計 試 算 表
20x1年×月×日〜20x2年×月×日　　　　　（単位：円）

借方	勘定科目	貸方
700	現　　　　金	100
100	借　入　金	200
	資　本　金	500
800		800

(2) 残高試算表

残 高 試 算 表
20x2年×月×日　　　　　（単位：円）

借方	勘定科目	貸方
600	現　　　　金	
	借　入　金	100
	資　本　金	500
600		600

(3) 合計残高試算表

合 計 残 高 試 算 表
20x1年×月×日〜20x2年×月×日　　　　　（単位：円）

借　　方		勘定科目	貸　　方	
残高	合計		合計	残高
600	700	現　　　　金	100	
	100	借　入　金	200	100
		資　本　金	500	500
600	800		800	600

6.2　精算表の作成

　試算表を作成した後、決算に入る前に精算表（Work sheet）を作成することがある。この精算表は、この後に学習する決算手続きの流れを把握して、貸借対照表と損益計算書の概略を把握するために作成する。精算表の作成のメリットは、間違いがあった場合に貸借対照表と損益計算書の作成前に気づくことができること、早い段階でおおよその当期純利益を把握することができることがあげられる。そこで、ここでは6桁精算表の構造とその作成方法を学習する。

(1) 精算表の作成

　　精算表の作成の手順を示せば次のとおりである。

（a）残高試算表欄の作成

前節で学習した残高試算表の金額を精算表の残高試算表の欄に記入する。

（b）整理記入欄への記入

残高試算表の金額が、当期末の残高を示していない場合に修正をするために記入する。6桁精算表では、修正はないので、この欄は省略する。

（c）損益計算書欄への記入

残高試算表に記入した金額のうち、収益と費用の金額を損益計算書欄へ移す。収益は、貸方残高であるので、損益計算書の貸方へ記入し、費用は、借方残高であるので、損益計算書の借方へ記入する。

（d）損益計算書の当期純利益の計算と記入

収益と費用をそれぞれ合計し、その差額を損益計算書の合計欄が一致するように記入する。当期純利益の場合は、借方に記入する（当期純損失の場合は貸方に記入することになる）。そして、当期純利益とは、資本の増加のことであるので、求めた当期純利益の金額を貸借対照表の貸方へ移す（当期純損失の場合は借方へ移すことになる）。

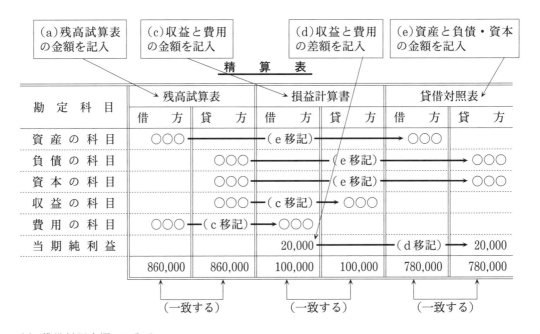

（e）貸借対照表欄への記入

残高試算表に記入した金額のうち、資産・負債・資本の金額を貸借対照表欄へ移す。資産は、借方残高であるので借方へ、負債・資本は貸方残高であるので貸方へ記入をする。そして、借方（資産）の合計額と貸方（負債・資本・当期純利益）の合計額を合計の行に記入する。

（f）貸借対照表の借方・貸方の合計額が一致していれば、金額欄に二重線を引いて完成させる。

例題 6 － 1

次の精算表を完成させなさい。

現	金	¥398,000	売 掛 金	¥467,000	商 品	¥174,000
備	品	270,000	買 掛 金	395,000	借 入 金	350,000
資 本	金	500,000	商 品 売 買 益	840,000	給 料	380,000
広 告	料	189,000	雑 費	162,000	支 払 利 息	45,000

精　算　表

20x2年 3 月31日

勘 定 科 目	残高試算表		損益計算書		貸借対照表	
	借　方	貸　方	借　方	貸　方	借　方	貸　方
現　　　金						
売　掛　金						
商　　　品						
備　　　品						
買　掛　金						
借　入　金						
資　本　金						
商 品 売 買 益						
給　　　料						
広　告　料						
雑　　　費						
支 払 利 息						
当 期 純（　　）						

解答

精　算　表

20x2年3月31日

勘　定　科　目	残高試算表 借　方	残高試算表 貸　方	損益計算書 借　方	損益計算書 貸　方	貸借対照表 借　方	貸借対照表 貸　方
現　　　　　金	398,000				398,000	
売　　掛　　金	467,000				467,000	
商　　　　　品	174,000				174,000	
備　　　　　品	270,000				270,000	
買　　掛　　金		395,000				395,000
借　　入　　金		350,000				350,000
資　　本　　金		500,000				500,000
商　品　売　買　益		840,000		840,000		
給　　　　　料	380,000		380,000			
広　　告　　料	189,000		189,000			
雑　　　　　費	162,000		162,000			
支　払　利　息	45,000		45,000			
当期純（利益）			**64,000**			64,000
	2,085,000	2,085,000	840,000	840,000	1,309,000	1,309,000

第7章　仕訳帳と総勘定元帳の締切り

　企業は、一定期間における財政状態と経営成績を把握するために決算を行う。本章では、決算としての仕訳帳と総勘定元帳の締切りを学習する。

7.1　簿記一巡の手続き

　企業は、仕訳帳と総勘定元帳を使って日々の経済活動を記録している。そして一定期間を区切って財政状態と経営成績等を把握するために財務諸表を作成する。この日常の手続きから財務諸表作成までの手続きを示すと次のようになる。

簿記一巡の手続き

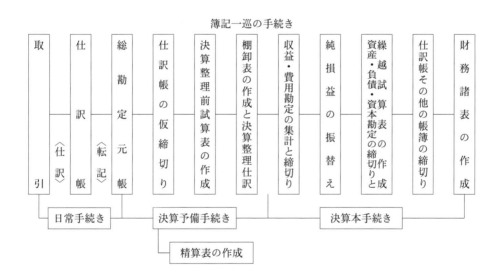

補節.1　試算表と精算表について

　試算表は、取引記録の検算のために作成される。すなわち、総勘定元帳の各勘定の借方および貸方の合計と仕訳帳の合計を照らし合わせることで、仕訳帳から総勘定元帳に正しく転記されたことを検算するのである。このことを考えれば、合計試算表は、一定期間（日、週、月）を区切って作成されることとなる。

さらに、決算については、各勘定の残高を把握して、決算予備手続きに入ることになるので、残高試算表が必要となる。

精算表は、各勘定の残高から作成される財務諸表の概略を把握するために作成される仮の計算書である。そのため、精算表は、決算予備手続きの中で作成されることになる。

7．2　仕訳帳の仮締切り

決算に先立ち、先に学習した試算表を作成する。試算表は、決算に入る前に、仕訳帳から総勘定元帳に正確に転記がされたかどうかの確認を行うと同時に、決算本手続きの資料となる。

仕訳帳の締切りと合計残高試算表

仕　訳　帳　　　　　1

20x1年		摘　　　　要	元丁	借　　方	貸　　方
4	1	前期繰越		1,200,000	1,200,000
	4	（商　　品）	3	120,000	
		（現　　金）	1		120,000
		次ページへ		2,840,000	2,840,000

仕　訳　帳　　　　　15

20x1年		摘　　　　要	元丁	借　　方	貸　　方
		前ページから		2,840,000	2,840,000
				5,140,000	5,140,000

合　計　残　高　試　算　表
20x2年 3 月31日

借　　　　方		元丁	勘定科目	貸　　　　方	
残　　高	合　　　計			合　　　計	残　　高
169,000	306,000	1	現　　　金	137,000	
11,000	25,000		売　掛　金	14,000	
2,000	2,000	15	雑　　　費		
2,463,000	5,140,000			5,140,000	2,463,000

一致　　　　　一致

— 42 —

仕訳を各勘定に間違いなく転記したとすれば、各勘定の借方の総合計は、仕訳帳の借方の総合計額と一致するはずであり、各勘定の貸方の総合計は、仕訳帳の貸方の総合計と一致するはずである。すなわち、各勘定の借方合計、貸方合計を集計した表が、合計試算表であるので、図7-2に示したように、仕訳帳の借方合計と合計試算表の借方合計が一致し、仕訳帳の貸方合計と合計試算表の貸方合計が一致すれば、仕訳および転記が間違いないとして、日常取引の締切りとして、仕訳帳の日付と金額欄に二重線を引く。

なお、残高試算表の金額は、決算本手続きの資料となる。

7.3 棚卸表と決算整理仕訳

次に、棚卸表の作成と決算整理仕訳がある。棚卸表とは、商品の期末残高や勘定残高の修正が必要なものについて記入した一覧表である。ここでは、商品の期末残高が記入された棚卸表を示す。

棚　卸　表

20x1年3月31日

勘定科目	摘　　　　　要		内　訳	金　　額
商　品	A品　30個	@¥1,200	36,000	
	B品　20個	@¥1,000	20,000	56,000
				56,000

そして、決算整理仕訳は、棚卸表をもとに、各勘定の残高が期間の正しい金額を示すように、整理する仕訳のことである。この仕訳は第Ⅲ部決算で解説を行う。

7.4 収益・費用勘定の締切り

仕訳帳の日常取引の締切りが終われば、次に各勘定を締め切っていく。まずは、収益勘定と費用勘定の締切りである。この際に、収益と費用の比較により、当期の純損益を計算するために、総勘定元帳に新たに損益勘定を設ける。すなわち、収益の各勘定残高と費用の各勘定残高を損益勘定に集計し、当期純利益を計算するのである。この損益勘定は、2つ以上の勘定残高を集めて記録する勘定であるので、**集合勘定**と呼ばれる。

⑴　収益の各勘定から損益勘定への残高の振替え

収益の各勘定と費用の各勘定から損益勘定へ金額を移すことを**振替え**（ふりかえ）といい、そのための仕訳を**振替仕訳**という（振替えと振替仕訳については、次項で解説を行いたい）。なお、この振替仕訳も仕訳帳に記入した後に総勘定元帳に転記することになる。まず、収益の各勘定の残高を損益勘定に振替えるプロセスを、イメージ化して図示したい。

収益勘定から損益勘定への振替え

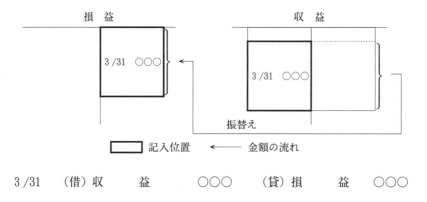

   □ 記入位置 ← 金額の流れ

 3 /31 （借）収   益   ○○○ （貸）損   益   ○○○

　収益の各勘定から損益勘定への残高の振り替える仕訳と振替後の各勘定の記入を、数値を入れながら示せば、以下のとおりである。

 3 /31 （借）商品売買益 53,000 （貸）損   益 65,000
       受取手数料   12,000

収益の各勘定と損益勘定

商品売買益				損 益		
3 /31 損 益	53,000		13,000	3 /31 商品売買益	53,000	
		3 /11 売 掛 金	40,000	〃 受取手数料	12,000	
	53,000		53,000			

受取手数料			
3 /31 損 益	12,000		12,000

　振替えにより収益の各勘定残高はゼロとなり、金額はすべて損益勘定へ集計されたことになる。ここで、収益の各勘定の締切りを行う。

(2)　費用の各勘定から損益勘定への振替え

　費用の各勘定の残高を振替仕訳により損益勘定に集計する。まず、費用の各勘定の残高を損益勘定に振替えるプロセスを、イメージ化して図示したい。

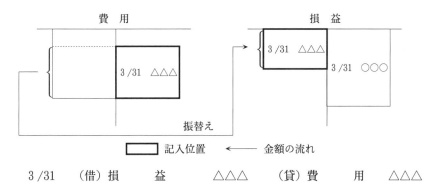

費用勘定から損益勘定への振替え

3/31　（借）損　　　益　　△△△　　（貸）費　　　用　　△△△

　費用の各勘定から損益勘定へ残高を振り替える仕訳と振替後の各勘定の記入を、数値を入れながら示せば、以下のとおりである。

3/31　（借）損　　　益　　　38,500　　（貸）給　　料　　　32,000
　　　　　　　　　　　　　　　　　　　　　支 払 家 賃　　　 6,000
　　　　　　　　　　　　　　　　　　　　　雑　　 費　　　　　500

費用の各勘定と損益勘定

給　料						
	32,000	3/31 損　益 32,000				

			損　益			
3/31	給　　料	32,000	3/31	商品売買益	53,000
〃	支払家賃	6,000	〃	受取手数料	12,000
〃	雑　　費	500			

支 払 家 賃		
	6,000	3/31 損　益 6,000

雑　費		
	500	3/31 損　益 500

　振替えにより費用の各勘定残高はゼロとなり、金額はすべて損益勘定へ集計されたことになる。ここで、費用の各勘定の締切りを行う。

(3)　損益勘定の締切り

　損益勘定の**貸方**には**収益の純額**が、借方には**費用の純額**が集計されている。ここで、収益と費用を比較し差額を計算することで、当期の純利益（純損失）が示される。この差額は、貸方残高であれば資本の増加を示し、借方残高では資本の減少を示す。そこで、損益勘定の差額を資本金勘定へ振替える。まず、損益勘定の残高である損益を資本金勘定に振替えるプロセスを、イメージ化して図示したい。なお、株式会社では、損益勘定で計算された純利益（純損失）は、株主総会の承認を得て処分（処理）されるため、直接資本金勘定に振り替えられるのではなく、繰越利益剰余金勘定へ振替えられることとなる。

損益勘定から資本金勘定への振替え

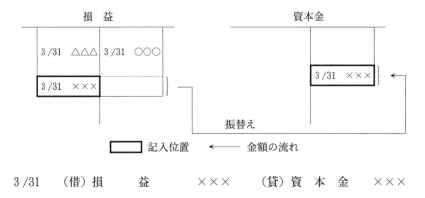

☐ 記入位置　←─ 金額の流れ

　3/31　（借）損　　益　　×××　　（貸）資　本　金　　×××

　　次に、損益勘定の差額（純利益）を資本金勘定へ振り替える仕訳と損益勘定、資本金勘定の具体例を示す。

　3/31　（借）損　　益　　26,500　　（貸）資　本　金　　26,500

損益勘定と資本金勘定

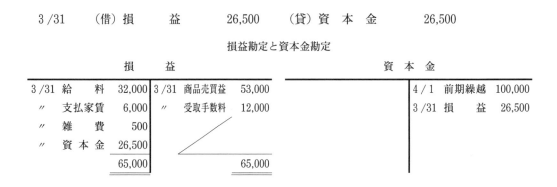

　　ここで、損益勘定の残高はゼロとなり、損益勘定の締切りを行う。

例題 7 － 1

　　決算につき、決算仕訳を示し、次の収益勘定、費用勘定および損益勘定を締め切りなさい。ただし、資本金勘定は締切る必要はない。

	借方科目	金額	貸方科目	金額
3/31				
〃				
〃				

資 本 金

	4/1 前期繰越 100,000

商品売買益

	13,000
	3/11 売 掛 金 40,000
	23 諸 口 22,000

受取手数料

	3/15 現 金 15,000

給 料

40,000	

損 益

支 払 家 賃

25,000	

雑 費

2,000	

解答

	借方科目	金額	貸方科目	金額
3/31	商 品 売 買 益 受 取 手 数 料	75,000 15,000	損 益	90,000
〃	損 益	67,000	給 料 支 払 家 賃 雑 費	40,000 25,000 2,000
〃	損 益	23,000	資 本 金	23,000

資 本 金

	4/1 前期繰越 100,000
	3/31 損 益 23,000

商品売買益

3/31 損 益 75,000	13,000
	3/11 売 掛 金 40,000
	23 諸 口 22,000
75,000	75,000

受取手数料

3/31 損 益 15,000	3/15 現 金 15,000

給 料

40,000	3/31 損 益 40,000

支 払 家 賃

25,000	3/31 損 益 25,000

雑 費

2,000	3/31 損 益 2,000

損 益

3/31 給 料 40,000	3/31 商品売買益 75,000
〃 支払家賃 25,000	〃 受取手数料 15,000
〃 雑 費 2,000	
〃 資本金 23,000	
90,000	90,000

— 47 —

補節. 2 振替仕訳

　企業の経済活動の記録ではなく、勘定上で集計・比較するために金額を移記することがある。すなわち、ある勘定口座から他の勘定口座へ金額を移記することを振替えといい、その際の仕訳を振替仕訳という。

　それでは、次に、勘定口座を箱に見立て振替えの方法を解説してみたい。

(1) 勘定口座の金額の把握

　今、AとBという箱（勘定口座）がある。現在Aの箱（勘定口座）に100円玉が入っている。この100円玉をBの箱（勘定口座）に移す時、どのような過程を経るのであろうか。

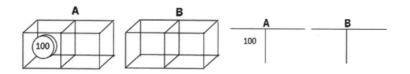

(2) 勘定口座からの取出し

　まず、Aという箱（勘定口座）から100円玉を取り出す。その時、Aの箱の中には、何も入っていない（ゼロ）ことになる。勘定口座の場合は、金額を消すわけにはいかないので、各勘定の（－）側に記入することによって、勘定残高をゼロとすることで、金額を取り出したこととする。

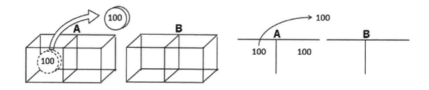

(3) 勘定口座への記入

　こんどは、Aの箱（勘定口座）から取出した100円玉をBの箱に入れる。勘定口座の場合は、記入することで入ったことになる。むろん、Aの箱の位置（左側）に入っていたのだからBの箱も左側に入れることになる。

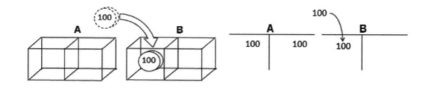

以上により、Aの箱に入っていた100円玉は、Bの箱に移ったことになる。すなわち、勘定口座では、Bの左側に記入することで、Aの左側に記入されていた100がBに振り替えられたことになる。

7.5　資産・負債・資本の締切り

　資産・負債・資本の勘定は、貸借均衡させて勘定残高をゼロ（0）にすることで締め切る。例えば、現金の期末残高は次期に支払手段として利用され、売掛金の残高は次期に回収されることになる。そして、買掛金の残高は次期に支払わなければならず、資本金は次期においても原資となる。

　ゆえに、資産の各勘定は、貸方に日付と共に**次期繰越**と**残高金額**を朱記して、負債・資本の各勘定は、次期繰越として借方に日付と共に**次期繰越**と**残高金額**を朱記して、貸借均衡させて勘定残高をゼロ（0）としたあとに、二重線を朱記して当期の記入を締め切る。そして、次期に移った段階で、資産の各勘定は次期繰越額（前期末残高）を借方へ、負債・資本の各勘定は次期繰越額（前期末残高）を貸方へ振り戻し、黒字記入をする。ここでは、資産・負債・資本の各勘定の例として、現金勘定、買掛金勘定、資本金勘定を示す。

現　　金

	240,000			179,000
	50,000	3/31　次期繰越	111,000	
	290,000			290,000
4/1　前期繰越	111,000			

買　掛　金

	20,000			113,000
3/31　次期繰越	93,000			
	113,000			113,000
		4/1　前期繰越	93,000	

資　本　金

3/31　次期繰越	123,000	4/1　前期繰越	100,000	
		3/31　損　益	23,000	
	123,000		123,000	
		4/1　前期繰越	123,000	

　以上により、すべての勘定口座の締切りが終了する。いわゆる、当期の終了である。

例題 7 - 2

　決算につき、次の資産勘定、負債勘定、資本金勘定を締め切りなさい。ただし、開始記入は行わなくてよい。

現　金

1/1 前期繰越 141,000	12/8 商　品	12,000
12/15 諸　口 21,000	23 買掛金	32,000
20 売掛金 42,000	25 給　料	5,000

売　掛　金

1/1 前期繰越 72,000	12/20 現　金	42,000
12/15 諸　口 35,000		

備　品

1/1 前期繰越 300,000	

商　品

1/1 前期繰越 54,000	12/15 諸　口	40,000
12/8 諸　口 32,000		

買　掛　金

12/23 現　金 32,000	1/1 前期繰越	42,000
	12/8 商　品	20,000

借　入　金

	1/1 前期繰越 100,000

資　本　金

	1/1 前期繰越	400,000
	12/31 損　益	36,000

解答

現　金

1/1 前期繰越 141,000	12/8 商　品	12,000
12/15 諸　口 21,000	23 買掛金	32,000
20 売掛金 42,000	25 給　料	5,000
	31 次期繰越	155,000
204,000		204,000

売　掛　金

1/1 前期繰越 72,000	12/20 現　金	42,000
12/15 諸　口 35,000	31 次期繰越	65,000
107,000		107,000

商　品

1/1 前期繰越 54,000	12/15 諸　口	40,000
12/8 諸　口 32,000	31 次期繰越	46,000
86,000		86,000

備　品

1/1 前期繰越 300,000	12/31 次期繰越	300,000

買　掛　金

12/23 現　金 32,000	1/1 前期繰越	42,000
31 次期繰越 30,000	12/8 商　品	20,000
62,000		62,000

借　入　金

12/31 次期繰越 100,000	1/1 前期繰越	100,000

資　本　金

12/31 次期繰越 436,000	1/1 前期繰越	400,000
	12/31 損　益	36,000
436,000		436,000

7.6　繰越試算表の作成

　各勘定の締切りが終了したら、資産・負債・資本の各勘定の次期繰越額を集めた繰越試算表を作成する。例として、現金勘定を示せば、現金勘定の次期繰越額は¥111,000借方残なので繰越試算表の現金の借方に¥111,000を記入する。

現　　　金

4／1　前 期 繰 越	240,000			179,000
	50,000	3／31　次 期 繰 越	111,000	
	290,000			290,000

繰 越 試 算 表

20x2年 3 月31日

借　　　方	元丁	勘 定 科 目	貸　　　方
111,000	1	現　　　　　金	
68,000	2	売　　掛　　金	
15,000	3	商　　　　　品	
22,000	4	備　　　　　品	
	5	買　　掛　　金	93,000
	6	資　　本　　金	123,000
216,000			216,000

例題 7 － 3

　例題 7 － 2 の解答から繰越試算表を作成しなさい。

繰 越 試 算 表

20x2年12月31日

借　　　方	元丁	勘 定 科 目	貸　　　方
	1	現　　　　　金	
	2	売　　掛　　金	
	3	商　　　　　品	
	4	備　　　　　品	
	5	買　　掛　　金	
	6	借　　入　　金	
	7	資　　本　　金	

解答

繰 越 試 算 表

20x2年12月31日

借　　方	元丁	勘 定 科 目	貸　　方
155,000	1	現　　　　　金	
65,000	2	売　　掛　　金	
46,000	3	商　　　　　品	
300,000	4	備　　　　　品	
	5	買　　掛　　金	30,000
	6	借　　入　　金	100,000
	7	資　　本　　金	436,000
566,000			566,000

　ここでは、当期の純利益（純損失）は、資本金勘定にて繰越されているが、株式会社においては、繰越利益剰余金勘定にて繰越されることとなる。

補節. 3　大陸式決算法と英米式決算法

　勘定口座を締切る方法として、大陸式決算法と英米式決算法がある。大陸式決算法と英米式決算法の違いは、英米式では、資産・負債・資本の各勘定を締切る際に、残高を残高がある反対の欄に朱記で次期繰越とし、締切った後、前期繰越として開始記入を行った。しかし、大陸式決算法では、仕訳を通じて収益・費用の各勘定が損益勘定に集合されたように、残高勘定という集合勘定に集計することになる。本来、簿記は、仕訳と転記を通して金額を移記していくという一連の流れをもっている。このことを考えれば、英米式決算法は、大陸式決算法の簡便化した形式だといえよう。なお、大陸式決算法の残高勘定が資産・負債・資本の集合勘定となるので、大陸式決算法では、繰越試算表は作成されない。

　次に大陸式決算法による資産・負債・資本の各勘定の振替仕訳と勘定記入の例を示す。

期末振替仕訳

3 /31	（借）決 算 残 高	216,000	（貸）	現　　　　金		111,000
				売　掛　金		68,000
				商　　　品		15,000
				備　　　品		22,000
3 /31	（借）買　掛　金	93,000	（貸）	決 算 残 高		216,000
	資　本　金	123,000				

	現　　金		
4 / 1　開始残高	40,000		179,000
	250,000	3 /31　決算残高	111,000
	290,000		290,000

	買　掛　金		
	20,000	4 / 1　開始残高	13,000
3 /31　決算残高	93,000		100,000
	113,000		113,000

	資　本　金		
3 /31　決算残高	123,000	4 / 1　開始残高	100,000
		3 /31　損　　益	23,000
	123,000		123,000

決　算　残　高

3 /31	現　　金	111,000	3 /31	買　掛　金	93,000
〃	売　掛　金	68,000	〃	資　本　金	123,000
〃	商　　品	15,000			
〃	備　　品	22,000			
		216,000			216,000

第7章・練習問題

　鳥栖商店の20x1年の取引は、下記のとおりである。よって、次の手続きにしたがって、4月末の決算を行いなさい。

　ア．合計残高試算表を作成しなさい。

　イ．精算表を作成しなさい。

　ウ．決算に必要な仕訳を示し、各勘定口座に転記のうえ、締め切りなさい。

　エ．繰越試算表を作成しなさい。

取　　引

　4月1日　現金¥1,500,000を出資して、事業を開始した。

　　3日　備品¥230,000を買い入れ、代金は現金で支払った。

　　5日　商品¥400,000を仕入れ、代金¥150,000は現金で支払い、残額は掛けとした。

　　8日　商品¥299,000（原価¥230,000）を売り渡し、代金は現金で受け取った。

　　10日　買掛金¥200,000を現金で支払った。

　　12日　商品¥550,000を仕入れ、代金は掛けとした。

　　15日　商品¥351,000（原価¥270,000）を売り渡し、代金¥200,000は現金で受け取り、残額は掛けとした。

　　17日　銀行から¥300,000を借り入れ、現金で受け取った。

　　20日　商品¥286,000（原価¥220,000）を売り渡し、代金は掛けとした。

　　25日　本月分の給料¥60,000と水道料・電気代¥11,000を現金で支払った。

26日　買掛金￥400,000を現金で支払った。

28日　売掛金￥100,000を現金で受け取った。

30日　借入金の利息￥1,750を現金で支払った。

30日　本日決算を行う。

	借方科目	金額	貸方科目	金額
4 / 1				
3				
5				
8				
10				
12				
15				
17				
20				
25				
26				
28				
30				

（決　算　仕　訳）

	借方科目	金額	貸方科目	金額
4 /30				
〃				
〃				

総 勘 定 元 帳

現　　　金　　　1

売　掛　金　　　2

商　　　品　　　3

備　　　品　　　4

借　入　金　　　6

買　掛　金　　　5

資　本　金　　　7

商品売買益　　　8

給　　　料　　　9

損　　　益　　　12

水道光熱費　　　10

支払利息　　　11

合 計 残 高 試 算 表

20x1年 4 月30日

| 借 | 方 | 元丁 | 勘 定 科 目 | 貸 | 方 |
残 高	合 計			合 計	残 高
		1			
		2			
		3			
		4			
		5			
		6			
		7			
		8			
		9			
		10			
		11			

繰 越 試 算 表

20x1年 4 月30日

借 方	元丁	勘 定 科 目	貸 方
	1		
	2		
	3		
	4		
	5		
	6		
	7		

第8章　貸借対照表と損益計算書

　本章では、決算の最終段階である決算書類（財務表）としての貸借対照表と損益計算書の作成について学習する。

8．1　貸借対照表の作成

　第7章において、資産・負債・資本の各勘定の次期繰越額を集合させた繰越試算表を作成した。この繰越試算表から貸借対照表を作成する。

繰 越 試 算 表
20x2年 3 月31日

借　　方	元丁	勘 定 科 目	貸　　方
111,000	1	現　　　　　金	
68,000	2	売　　掛　　金	
15,000	3	商　　　　　品	
22,000	4	備　　　　　品	
	5	買　　掛　　金	93,000
	6	資　　本　　金	123,000
216,000			216,000

貸 借 対 照 表
佐賀商店　　　　　　　　　　　20x2年 3 月31日

資　　産	金　　額	負債および資本	金　　額
現　　　　　金	111,000	買　　掛　　金	93,000
売　　掛　　金	68,000	資　　本　　金	100,000
商　　　　　品	15,000	当 期 純 利 益	23,000
備　　　　　品	22,000		
	216,000		216,000

　なお、期末の貸借対照表において、期末の資本は、期首の資本金と当期純利益とに分離させて記入する。

8.2 損益計算書の作成

　第7章において、収益・費用の各勘定の集合勘定である損益勘定を作成した。この損益勘定から損益計算書を作成する。

	損		益		
3 /31	給　　料	40,000	3 /31 商品売買益	75,000
〃	支払家賃	25,000	〃 　受取手数料	15,000
〃	雑　　費	2,000		
〃	資 本 金	23,000		
		90,000		90,000

損 益 計 算 書

佐賀商店　　　　　20x1年4月1日から20x2年3月31日まで

費　　用	金　額	収　益	金　額
給　　　　料	40,000	商 品 売 買 益	75,000
支 　払 　家 　賃	25,000	受 取 手 数 料	15,000
雑　　　　費	2,000		
当 期 純 利 益	23,000		
	90,000		90,000

例題 8 - 1

　次の損益勘定と繰越試算表から貸借対照表と損益計算書を作成しなさい。

	損		益		
3 /31	給　　料	465,000	3 /31 商品売買益	791,000
〃	通 信 費	135,000	〃 　受取手数料	53,000
〃	水道光熱費	56,000		
〃	支払家賃	42,000		
〃	雑　　費	18,000		
〃	資 本 金	128,000		
		844,000		844,000

繰 越 試 算 表

20x6年3月31日

借　　方	元丁	勘 定 科 目	貸　　方
234,000	1	現　　　金	
168,000	2	売 　掛 　金	
56,000	3	商　　　品	
215,000	4	備　　　品	
	5	買 　掛 　金	145,000
	6	資 　本 　金	528,000
673,000			673,000

— 58 —

解答

貸借対照表

福岡商店　　　　　　　　　　　20x6年 3 月31日

資　　　産	金　額	負債および資本	金　額
現　　　　　金	234,000	買　　掛　　金	145,000
売　　掛　　金	168,000	資　　本　　金	400,000
商　　　　　品	56,000	当 期 純 利 益	128,000
備　　　　　品	215,000		
	673,000		673,000

損 益 計 算 書

福岡商店　　　　　　　20x5年 4 月 1 日〜20x6年 3 月31日まで

費　　　用	金　額	収　　益	金　額
給　　　　　料	465,000	商 品 売 買 益	791,000
通　　信　　費	135,000	受 取 手 数 料	53,000
水 道 光 熱 費	56,000		
支　払　家　賃	42,000		
雑　　　　　費	18,000		
当 期 純 利 益	**128,000**		
	844,000		844,000

第 8 章・練習問題

　熊本商会の次の損益勘定及び繰越試算表によって、貸借対照表と損益計算書を完成しなさい。ただし、会計期間は令和○年 1 月 1 日から令和○年12月31日までとする。

	損　　　　　益			10
12/31	給　　　料	130,000	12/31 商品売買益	225,000
〃	支 払 家 賃	40,000	〃　受取手数料	27,000
〃	雑　　　費	20,000		
〃	支 払 利 息	2,000		
〃	資　本　金	60,000		
		252,000		252,000

繰 越 試 算 表

20x1年12月31日

借　　　方	元丁	勘 定 科 目	貸　　　方
73,000	1	現　　　　金	
490,000	2	売　　掛　　金	
259,000	3	商　　　　品	
230,000	4	備　　　　品	
	5	買　　掛　　金	342,000
	6	借　　入　　金	150,000
	7	資　　本　　金	560,000
1,052,000			1,052,000

貸 借 対 照 表

熊本商店　　　　　　　　　　20x1年12月31日

資　　産	金　　額	負債および資本	金　　額

損 益 計 算 書

熊本商店　　　　　　　　　　20x1年1月1日～20x1年12月31日まで

費　　用	金　　額	収　　益	金　　額

補章1　仕訳と勘定記入の原則

補1．1　ようこそ、複式簿記の世界へ！

　皆さんはすでに本書第Ⅰ部の第1章から第9章まで勉強しました。いかがですか。

　この本を読み始める前までは、「借方」・「貸方」とか、「仕訳」・「勘定」という言葉を聞いてもこれらが何を意味するのかまったく分からなかった人でも、今は複式簿記においてこれらが何を意味しているのか、もう分かりましたね。

　ということは、皆さんは複式簿記に支えられた会計という「言語の世界」の住民になったということです。そうです。会計は複式簿記という言語を使う記号の世界であります[1]。すなわち、皆さんは複式簿記を勉強することで、会計世界の人達と複式簿記という共通の言語で意思疎通することができるようになったのであります。

　では、会計世界における言語について考えてみましょう[2]。

（1）会計は記号の世界である！

　会計という特殊な世界における記号活動も、われわれの日常の生活で使われる言語活動[3]と同様に考えることができます。すなわち、記号を用いて意思疎通をするためには、意思を表現するために必要な記号すなわち「記号そのもの」、また「記号そのもの」が何を示しているのかという「記号の指示対象」、そして記号を使って意思疎通をしようとする「記号の使用者」、という3つの要素が必要です（杉本［1991］、p.42 参照）。われわれが言語活動をするとき、これらの3要素の関係について、下記のような点に注意しなければなりません。

　①　「記号そのもの」と「記号の指示対象」という二つの要素を区別しなければならないということです[4]。

1）したがって、会計を「事業の言語（the language of business）」（Cf. Littleton［1953］, p.99；大塚［1955］, p.144）というのです。
2）人間の記号活動を分析するのを「記号論（semiology）」といいます（タッド・阿部［2001］、p.1）。
3）日本社会では主に「日本語」で言語活動をします。同様に、他の国ではその国の言葉で言語活動をします。
4）タッド・阿部［2001］では、記号を「それ自体では何者かではないが、何ものかの代わりをするもの」と定義し、「記号」は意味されるもの（内容面）と意味するもの（表現面）の二面性があると強調しています。これを20世紀初頭、スイスの言語学者ソシュール（Saussure, F. de 1857-1913）はシニフィエとシニフィアンと名付けたそうです（タッド・阿部［2001］, pp.3-4、参照）。

例えば、「鉛筆（えんぴつ）」といったとき、「鉛筆（えんぴつ）」（文字であれ、音声であれ）という記号そのものと「鉛筆（えんぴつ）」という記号で表される実物（記号の指示対象）があるということです。しかしながら、われわれは「鉛筆（えんぴつ）」という「記号そのもの」とその指示対象である実物とを同じものと混同しがちです。

　②　われわれは上記①の「記号そのもの」と「記号の指示対象」とを区別するとしても、両者が直結しているかのように思いがちですが、「記号そのもの」と「記号の指示対象」の間には「記号使用者」の思考活動が介在しなければ成り立たないということです[5]。

　これらの関係をC. K. OgdenとI. A. Richardsが書いた『意味の意味（The meaning of meaning）』という本では、次のように図解しています（Ogden＆Richards［1923］、p.11；石橋［1967］、p.56）。

図補1.1　意味論上の三角形

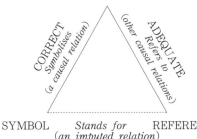

　この図では、コミュニケーションに必要な3要素は三角形の頂点において、それら相互の関係は各辺によって表されています。この図から、SYMBOL（象徴・言語などの記号）はREFERENT（記号の指示対象）を表しているが、これらの関係は直接ではなく直接的ではなく，THOUGHT OR REFERENCE（〔人間の〕思考または指示）を介在した間接的関係にある（点線）、ことが分かります[6]。このようなSYMBOLとREFERENTとの間接的関係を直接的関係があるかのように誤解することが、適切な思考と言語の使用にとって諸悪の根源であると、Ogden ＆ Richards［1923］では繰り返し主張（強調）しています。

5）アメリカの哲学者パース（Peirce, Ch. S. 1839-1914）の記号モデルは「対象」、「記号」、「解釈項」の三項で構成され、「対象」はほぼソシュールのシニフィエ、「記号」はソシュールのシニフィアンにあたりますが、ソシュールにはない「解釈項」という概念が入ってあります。パースにとっての記号の意味作用は、対象と記号との関係のみならず、この解釈項を介してはじめて現れてくるものであるということです（タッド・阿部［2001］、pp. 3 - 4 、参照）。

6）この図についての詳しい説明は、Ogden＆Richards［1923］、p.11；石橋［1967］、pp.55-56 を参照してください。原文［1923］では、…………… は描かれていません。

(2) 会計言語にあてはめると？

(1) 「記号そのもの」と「記号の指示対象」という実物

記号活動の3要素を会計言語活動にあてはめると、「記号そのもの」はわれわれがすでに第1章から第9章において勉強してきた「仕訳」および「転記」によって記録された帳簿の記録そのものです。すなわち、帳簿に記録するために使われた用語・数字など、これらの用語および数字などで記録された帳簿の記録、この記録内容に基づいて作成される貸借対照表・損益計算書などの財務諸表のような会計情報、これらはすべて「記号そのもの」であります。

では、これらの記号そのものが表そうとする「記号の指示対象」は何でしょうか。

本書「第4章　仕訳と転記」において、「仕訳とは、日々の取引を、取引要素を示す勘定科目に分類し、金額とともに借方（左側）と貸方（右側）に分類して記入することをいう」と説明しています。この説明から、仕訳帳および元帳のような帳簿に記号として表そうとする〔記録〕対象は「日々の取引」であることが分かります。では、複式簿記において記録対象である「取引」とは何でしょうか。

本書「第3章　取引と勘定」において、「簿記では、資産・負債・純資産（資本）を増加あるいは減少させるか、もしくは収益、費用を発生あるいは消滅させる事象を取引と定義している」と説明しています。ということは、取引とは、企業などのような経済活動を行う主体（経済主体）が経済活動を行うことによって、その主体の財産を増減変動させる「経済財（広い意味での資金）の流れ」である[7]ことが分かります。すなわち、会計言語活動において「記号の指示対象」は経済事象そのもの（経済主体における「資金の流れ」そのもの）であります。

(2) 「記号そのもの」と「記号の指示対象」と「利用者の思考内容」の例

例えば、第3章の「取引」の例として「XX年1月1日　現金500,000円を出資して営業を開始した」としましょう（これを「経済事象i」とします）。この経済事象を第4章では、複式記録の帳簿である「仕訳帳」という帳簿に「XX/1/1（借方）現金 500,000 （貸方）資本金 500,000」という仕訳を記録したとしましょう（これを「仕訳i」とします）。

記号の指示対象：経済事象i
　　「XX年1月1日　現金 500,000円を出資して営業を開始した。」
記号そのもの：仕訳i
　　「XX/1/1（借方）現金 500,000 （貸方）資本金 500,000」

ここで「現金」を例にあげて考えてみましょう。

経済事象iにおける「現金500,000円」という実物は10,000円札が50枚かもしれないし、5,000円

7）したがって、会計世界における「取引」という用語は、日常用語としての「取引」とはその範囲が異なるということはすでに第3章で勉強したとおりです。そのため、日常用語としての「取引」と区別するため、会計世界での「取引」という用語は「経済事象」という言葉で使われたりしています。

札が100枚かもしれません。もしくはいろいろな紙幣が混ざっているかもしれないし、500,000円と書いてある小切手[8]かもしれません。どのような形態であれ、経済事象iにおける「現金500,000円」は実物の資金そのものを意味します。

　しかしながら、仕訳iにおける「(借方) 現金 500,000」というのは同じ「現金」といっても、これは「現金という形態の実物そのもの」ではありません。これは「現金」勘定という勘定科目を表す記号としての「現金」であります。したがって、企業という主体へ現金という形態の資金が500,000円流入し、財産が増加した事実(経済事象;取引)を人間と人間との間で決められた記号化ルール──「資産」の増加として記号化するというルール──に基づいて記号として表したのが仕訳iの「(借方) 現金 500,000」であります。

　したがって、前記仕訳iをみて、「XX年1月1日に現金500,000円を出資して営業を開始した。」という意味が分かる人は複式簿記という言語を勉強した人のみです。複式簿記を勉強せずにはこの記号を読むことはできません。つまり、記号そのものの仕訳iと記号の指示対象である経済事象iは直接結びついているのではなく、人間の思考を介在して間接的に結びついていることが分かります。これは「現金」勘定のみならずすべての勘定記録にあてはまります。

　このように、仕訳帳に記録された「現金」は記号であり、元帳の「現金」勘定は実物の現金の増減(流れ)を日付と勘定科目と貨幣金額という記号を用いて借方と貸方に期間中の流れを記号として表しているのであります。(総勘定)元帳のこのような勘定記録に基づいて作成される「貸借対照表」における「現金」は、これを実物の「現金」と混同しがちですが、もちろん元帳の「現金」勘定の残高を表す記号であります。

　では、経済事象を記号化する複式簿記の基本構造について考えてみましょう。

補1.2　複式簿記の基本構造 ── 仕訳と勘定記録 ──

　「複式簿記は人智の結晶」といわれます。すなわち、「複式簿記」は一人の発明品でもなければ、完成されたものの発見でもありません。長い歳月をかけて、商人たちの間で記録手段として使われながら発達してきたものであります。

　会計の歴史に関する本を紐解いてみると、複式簿記に関する現存する最古の文献は1494年にイタリアの修道僧であるLucas Pacioli(ルカ・パチオリ)が書いた『算術・幾何・比および比例法概論(Summa de Arithmetica, Geometria, Proportioni et Proportionalita)』[9]であるといいます。この本はタイトルどおりに算術・幾何などの数学に関する本でありますが、この本の「計算および記録」という章において、当時イタリアのベニスで銀行家が使用していた簿記法が説明されていたのです。この簿記法がイタリアからヨーロッパの北部、イギリス、アメリカ、そして世界各地に伝

---

8) 経済事象をあらわす文において、小切手の場合は「小切手で受け取った」と表現するのが一般的表現です。
9) 日本では、本名を略して『数学概論』、『ズムマ』、『ズンマ』、『スンマ』など様々な名称で呼ばれています。
10) したがって、今日に使われている複式簿記の発祥は中世のイタリアであるというのが通説です。

播・洗練され、今日に至っているといいます[10]（小島［1984］、p.37 など参照）。

（1）「借方」・「貸方」と仕訳

　当初、ベニスの銀行家によって行われた簿記法とは、どのような方法でしょうか。複式簿記における「借方」および「貸方」という用語を説明している下記の文章からその様子をみることができます。

　「『借方』および『貸方』という用語は、・・・銀行業などの企業からみてそれぞれ『借り手』すなわち債務者（資金運用先）および『貸し手』すなわち債権者（資金調達先）という意味を表していた。そして、借り手および貸し手の人名を付けた勘定がそれぞれ、左開きの元帳の前半部分の各ページおよび後半部分の各ページに開設された。・・・借り手が企業から借金した場合には借り手の人名を付けた勘定の見開き左側ページに記入し、貸し手が企業に対して貸金した場合には貸し手の人名を付けた勘定の見開き右側のページに記入する、という記帳の仕方が採用された。逆に、借金および貸金がそれぞれ返済されたときには、いずれの場合でも、・・・反対側のページに記入がなされた。」（杉本［1991］、pp.85-86）

　これを図で示してみると次のようなことでしょうか。

図補1.2　中世イタリア銀行家の簿記法

　このような記帳は、初期段階ではもっぱら相手先との貸借関係の処理に利用されたため、「借方（Debtor；Dr.）」・「貸方（Creditor；Cr.）」という用語が生じ、使用されるようになったようです。その後、簿記は次第に発達し、その記帳範囲が拡大されるにつれ、他人との貸借関係のみならず、すべての財産、資本および損益の計算に及び、それらが勘定科目に基づいて記帳されるようになりました。これらの勘定記録において、借方・貸方という用語はそのまま使用され、いずれの勘定においても、さらにはすべての帳簿において左側は「借方」、右側は「貸方」、という用語が使用されるようになったようです。

　複式記録はこの両側に行われますが、一つの経済事象を「借方」と「貸方」の両側（両面）に表す記号化作業を「仕訳（Journalizing）」といいます。

（2）勘定体系

　中世イタリア銀行家の記帳法から生じた借方・貸方という会計用語は、今日では貸借という文字の意味にこだわらず、左側・右側を表すたんなる記号としてしか思われないかもしれません。しかしながら、中世イタリア銀行家の記帳法は、今日の複式簿記の基本構造になっているといえます。

　中世イタリア銀行家の記帳法をよくみると、借方・貸方は、「借り手の人名」勘定か「貸し手の人名」勘定かによって、「借方」と「貸方」の記帳法が異なります。では、人名勘定ではない、すなわち貸借関係ではない、他の財産などの物的勘定[11]にこれらの記帳法を適用するとき、どの（物的）勘定科目を「借り手の人名」勘定のように記帳し、どの（物的）勘定科目を「貸し手の人名」勘定のように記帳すればいいでしょうか。

　これについての考え方の一つは、「借り手の人名」勘定と「貸し手の人名」勘定の意味を一般化して適用することです。中世イタリア銀行家の記帳法において、「借り手の人名」勘定は銀行家の立場からみれば「資金の運用先」に関する記号であり、「貸し手の人名」勘定は「資金の調達先」に関する記号であります。したがって、記帳の範囲を物的勘定にまで拡大して適用するとき、「資金の運用先」を表す勘定には「借り手の人名」勘定の記帳法を、「資金の調達先」を表す勘定には「貸し手の人名」勘定の記帳法を適用することです。そして、中世イタリア銀行家の記帳法にしたがうと、「資金の運用面」の増加は借方・減少は貸方、「資金の調達面」の増加は貸方・減少は借方になります。これを図で示すと、次のようになります。

図補1.3　複式の記帳法

資金の運用先		資金の調達先	
増　加	減　少	減　少	増　加

（3）多様な勘定の体系と拡大可能性

　「資金の運用先」を表す諸勘定には、資金の運用形態の流れを表すなら「現金」勘定、「売掛金」勘定・・・、「備品」勘定、「建物」勘定、などがあります。これらの諸勘定を「資産」勘定といいます。「資金の調達先」を表す諸勘定には、資金の調達源泉が銀行から借りたものであるなら「借入金」勘定・・・のような諸勘定を「負債」勘定、株主から調達されたものなら「資本金」勘定、企業自らの経営活動によって発生した利潤（損失）のような諸勘定があります。さらに「利潤」の増加をもたらす諸勘定、減少をもたらす諸勘定を再分類した勘定をそれぞれ「収益」勘定・「費用」勘定といいます。

　これらの諸勘定の体系を図形化したのが図補1.4であります。

11）ここでは、人名勘定ではない勘定、例えば、「現金」勘定、「売掛金」勘定、「買掛金」勘定など、すべての勘定を「物的勘定」とします。

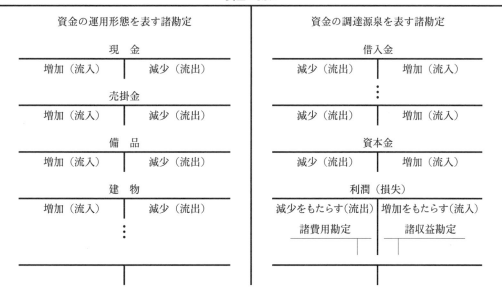

図補1.4　勘定体系

資金の流れ

資金の運用形態を表す諸勘定	資金の調達源泉を表す諸勘定

現　金

増加（流入）	減少（流出）

売掛金

増加（流入）	減少（流出）

備　品

増加（流入）	減少（流出）

建　物

増加（流入）	減少（流出）

借入金

減少（流出）	増加（流入）

減少（流出）	増加（流入）

資本金

減少（流出）	増加（流入）

利潤（損失）

減少をもたらす(流出)	増加をもたらす(流入)
諸費用勘定	諸収益勘定

出所：杉本［1991］、p.99、参照

　図補1.4から、資金の運用形態を表す「現金」などの諸勘定、資金の調達源泉を表す「借入金」、・・・「資本金」、「利潤（もしくは損失）」などの諸勘定における増加および減少の一定時点での差額を表すのが貸借対照表であることが分かります。しかし、「利潤（もしくは損失）」勘定を見ると、その勘定の借方には「利潤」の減少をもたらす資金の流れを勘定化した諸費用勘定が、貸方には「利潤」の増加をもたらす資金の流れを勘定化した諸収益勘定があります。すなわち、諸費用勘定および諸収益勘定は、利潤の増加もしくは減少をもたらす「資金の流れ」をさらに勘定化したものであることが分かります。これらの諸勘定の一定期間のデータを表したのが損益計算書であることが分かります。

　このように、図補1.4の勘定体系を見ると、企業の元帳における勘定記録はその企業の経済活動によるすべての資金の流れが表されていることが分かります。しかしながら、貸借対照表には各勘定の資金の流れの差額（純額）のみが、損益計算書には利潤（もしくは損失）をもたらす資金の流れのみが表示されていることが分かります。したがって、「利潤（もしくは損失）」勘定のみならず、貸借対照表に純額のみが表示される他の勘定においても、必要であればその勘定の資金の流れをさらに勘定化し、損益計算書のように資金の流れを表す財務表を作ることができます。このように、図補1.4の勘定体系は、必要に応じてその体系を拡張することができます。

参考文献

小島［1984］：小島男佐夫稿「13・14 世紀伊太利の簿記の発展 —— 勘定形式の生成・発展」、近畿大学『商経学叢』第30巻第 3 号、1984年 3 月、pp.37-59。

Littleton［1953］：A.C. Littleton, *Structure of Accounting Theory*, American Accounting Association Monograph No. 5 、1953.（大塚［1955］：大塚俊郎訳『A.C.リトルトン著会計理論の構造』、東洋経済新報社、1955年。）

Ogden & Richards［1923］：C.K. Ogden and I.A. Richards, *The Meaning of Meaning : A Study of the Influence of Language upon Thought and of the Science of Symbolism*, A Harvest Book, Harcourt, Brace & World, Inc. 1923.（石橋［1988］：石橋幸太郎訳『意味の意味』新装版第 3 刷、新泉社、1988。）

杉本［1991］：杉本典之著『会計理論の探究 —— 会計情報システムへの記号論的接近 —— 』、同文舘、1991年。

タッド・阿部［2001］：タッドホールデン・阿部宏編『記号を読む —— 言語文化社会 —— 』、東北大学出版会、2001。

第Ⅱ部

勘 定 各 論

第9章　現金と預金の処理

本章では、現金や、当座預金をはじめとする預金、小口現金の処理と、これらに関する補助簿への記入方法について学習する。簿記では、硬貨や紙幣の他に現金として扱うものがある。また、預金にはさまざまな種類があり、企業が最も活用している当座預金は普通預金とは異なる特徴がいくつかある。現金や預金の処理について、私たちの暮らしと企業の違いを意識しながらみていこう。

9.1　現金とは

a．簿記上の現金の定義

簿記上の現金とは、通貨や紙幣のほか、他人振出小切手、送金小切手、郵便為替証書、配当金領収証、期限到来後の公社債利札などをいう。これらは、銀行などに持ち込むとすぐに現金にかえてくれるため、現金として処理するのである。このように、通貨や紙幣ではないが、現金として扱うものを通貨代用証券という。

簿記上現金として扱われるものを受け取ったり支払ったりしたときは、現金勘定（資産）を用いて仕訳する。現金が増加したときは借方に、減少したときは貸方に記帳する。

一定期間の取引を整理すると、現金勘定は右のようになる。

```
              現　金
┌─────────┬─────────┐
│ 前期繰越  │          │
│          │  減少    │
├─────────┤          │
│          ├─────────┤
│  増加    │          │
│          │ 次期繰越 │
└─────────┴─────────┘
```

例題9－1

次の取引について仕訳をしなさい。

(1) 佐賀商店は、売掛金¥10,000を現金で回収した。

(2) 長崎商店は、買掛金¥20,000を現金で支払った。

(3) 宮崎商店は熊本商店に対する売掛金¥5,000を回収し、同店振出の小切手を受け取った。

(4) 福岡商店は大分商店に対する買掛金¥3,000を支払うため、鹿児島商店振出の小切手を渡した。

解答

	借方科目	金　額	貸方科目	金　額
(1)	現　　　　金	10,000	売　掛　金	10,000
(2)	買　掛　金	20,000	現　　　　金	20,000
(3)	現　　　　金	5,000	売　掛　金	5,000
(4)	買　掛　金	3,000	現　　　　金	3,000

ｂ．現金出納帳への記入方法

　現金は日々の取引でよく使われるため、企業は現金出納帳（cash book）という帳簿を設け、現金に関する取引の明細を記録する。仕訳帳と総勘定元帳といった主要簿に対し、現金出納帳は必要に応じて作成されるものなので補助簿と呼ばれる。さらに、現金出納帳は、補助簿の中でも特定の取引の明細を記録するものなので、補助記入帳という。

例題 9 － 2

　次の取引を現金出納帳に記入し、締め切りなさい。

５月７日　愛知事務機からコピー用紙（消耗品）¥3,000を現金で購入した。

　　10日　岐阜商店に対する売掛金¥20,000を回収し、同店振出の小切手を受け取った。

　　23日　三重商店から商品¥14,000を仕入れ、代金は現金で支払った。

　　25日　本月分の給料¥100,000を現金で支払った。

解答

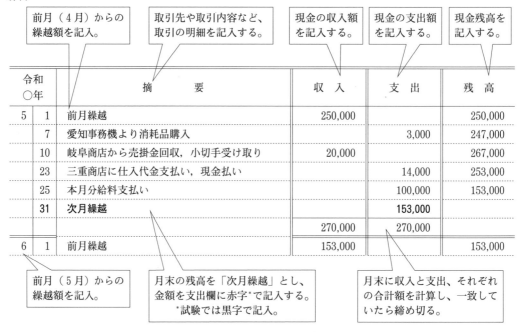

令和〇年		摘　　要	収　入	支　出	残　高
5	1	前月繰越	250,000		250,000
	7	愛知事務機より消耗品購入		3,000	247,000
	10	岐阜商店から売掛金回収，小切手受け取り	20,000		267,000
	23	三重商店に仕入代金支払い，現金払い		14,000	253,000
	25	本月分給料支払い		100,000	153,000
	31	次月繰越		153,000	
			270,000	270,000	
6	1	前月繰越	153,000		153,000

前月（4月）からの繰越額を記入。

取引先や取引内容など、取引の明細を記入する。

現金の収入額を記入する。

現金の支出額を記入する。

現金残高を記入する。

前月（5月）からの繰越額を記入。

月末の残高を「次月繰越」とし、金額を支出欄に赤字*で記入する。*試験では黒字で記入。

月末に収入と支出、それぞれの合計額を計算し、一致していたら締め切る。

9.2　現金過不足

　実際に金庫等の中にある現金の金額（実際有高）が、帳簿上の計算においてあるべき現金の金額（帳簿残高）と異なることがある。このように、現金の実際有高と帳簿残高が一致しないことを現金過不足という。現金過不足が生じる原因としては、①現金を受け取ったまたは支払ったにもかかわらず計上していない、②現金の盗難、などが考えられる。

　現金過不足が生じたときは、帳簿残高が実際有高よりも多い場合も少ない場合も、必ず帳簿残高を実際有高に一致させるよう処理をする。生じた差額は現金過不足勘定を用いて仕訳をし、後日不一致の原因が判明したときは正しい勘定に振り替える。しかし、決算になっても原因が判明しないときは、不足額については雑損勘定を、過剰額については雑益勘定に振り替える。

例題9－3

　（実際有高＜帳簿残高の場合）

7月3日　現金の実際有高と帳簿残高を照合したところ、実際有高は¥60,000で、帳簿残高は¥61,000であった。

　15日　不一致の原因を調べたところ、切手代（通信費）¥400の記入漏れであることがわかった。

12月31日　決算になっても不足額の残高¥600については原因が判明しないので、雑損勘定に振り替えた。

解答

	借 方 科 目	金　　　額	貸 方 科 目	金　　　額
7/3	現 金 過 不 足	1,000	現　　　　金	1,000
/15	通 信 費	400	現 金 過 不 足	400
12/31	雑 損	600	現 金 過 不 足	600

例題 9 - 4

（実際有高＞帳簿残高の場合）

8月6日　現金の実際有高と帳簿残高を照合したところ、実際有高は¥82,000で、帳簿残高は
　　　　¥80,000であった。

　10日　不一致の原因を調べたところ、売掛金の回収額¥1,500の記入漏れであることがわかっ
　　　　た。

12月31日　決算になっても過剰額の残高¥500については原因が判明しないので、雑益勘定に振り
　　　　替えた。

解答

	借 方 科 目	金　　　額	貸 方 科 目	金　　　額
8/6	現　　　　金	2,000	現 金 過 不 足	2,000
/10	現 金 過 不 足	1,500	売 掛 金	1,500
12/31	現 金 過 不 足	500	雑 益	500

9.3　預金の種類

　預金にはさまざまな種類があり、自社の目的に合わせて預け入れる。銀行にお金を預け入れたり
引き出したりしたときの仕訳は、預金の種類ごとに勘定科目を使い分けて記帳を行う。また、実務
においては複数の銀行で口座を開設していることが多いため、預金の種類だけでなく銀行名も合わ
せて勘定科目として使用する場合がある。

①定期預金

　半年、1年、3年、10年など一定期間はお金を出し入れすることができない。金利は高い。

②積立預金

　定期預金の一種で、毎月一定額を積み立てていく際に利用される。金利は定期預金と同程度。

③通知預金

　預け入れ後7日間の据え置き期間があり、払い戻しの際には2日前までに銀行に通知しなけれ
ばならない。普通預金と比べると金利は高い。

④普通預金

　預入期間に約束はなく、自由にお金を出し入れすることができる。金利は低い。

⑤当座預金

　商店や企業が小切手の支払いや決済をするために開設する預金。利息は付かない。

例題9－5

次の取引について仕訳をしなさい。

(1)　大阪銀行に現金¥50,000を普通預金として預け入れた。

(2)　神戸銀行の定期預金¥100,000が満期となり、利息¥1,000とともに滋賀銀行の普通預金に預け入れた。

解答

	借方科目	金　額	貸方科目	金　額
(1)	普通預金大阪銀行	50,000	現　　　　　金	50,000
(2)	普通預金滋賀銀行	101,000	定期預金神戸銀行 受　取　利　息	100,000 1,000

9．4　当座預金

a．当座預金の処理

　商店や企業が最も利用するのは当座預金である。当座預金口座を開設するには、銀行と当座取引契約を結び、口座に現金を預け入れる。当座預金口座に預け入れたときの仕訳は、当座預金勘定（資産）を用いる。一方、当座預金口座から預金を引き出す際は小切手を使用する。小切手は、口座を開設したときに当座預金入金票綴りとともに小切手帳を銀行から受け取る。小切手に必要事項を記入して発行することを小切手の振り出しという。

例題9－6

次の一連の取引について仕訳をしなさい。

(1)　秋田商店は石川銀行と当座取引契約を結び、現金¥30,000を預け入れた。

(2)　秋田商店は、仕入先千葉商店の買掛金¥10,000を小切手を振り出して支払った。

解答

	借方科目	金　額	貸方科目	金　額
(1)	当座預金石川銀行	30,000	現　　　　　金	30,000
(2)	買　　掛　　金	10,000	当座預金石川銀行	10,000

b．当座借越

通常、当座預金の残高を超える引き出しはできない。しかし、あらかじめ銀行と当座借越契約を結んでおくと、当座預金の残高を超える金額を引き出すことができる。このことを当座借越という。この当座借越は、銀行から借り入れを行っていることと同じである。

例題9－7

次の一連の取引について仕訳をしなさい。

(1) 岡山商店に対する買掛金¥80,000を小切手を振り出して支払った。なお、当座預金の残高は、¥20,000であったが、借越限度額¥100,000の当座借越契約を結んでいる。

(2) 広島商店から売掛金¥70,000を小切手で回収し、これをただちに当座預金口座に預け入れた。

当座借越の処理は次の3つの方法がある。（なお、日商簿記3級では、平成31年度より適用される出題範囲の改定により③当座預金勘定で処理する方法のみが出題範囲となる。）

① 当座借越勘定で処理する方法

当座預金の残額を超えて引き出したときは、まず当座預金から全額を引き出し、当座預金の残高を超える金額については当座借越勘定（負債）で処理する。その後、当座預金口座へ預け入れたときは、まず当座借越の金額を返済し、残額を当座預金に預け入れたとして処理する。このように、当座預金勘定と当座借越勘定を使って処理する方法を二勘定制という。

(1) （借方）買 掛 金　80,000　　（貸方）当座預金　20,000
　　　　　　　　　　　　　　　　　　　　当座借越　60,000
(2) （借方）当座借越　60,000　　（貸方）売掛金　　70,000
　　　　　　当座預金　10,000

当 座 預 金	
残　高　　20,000	(1)引出額　　20,000
(2)預入額　10,000	当座預金残高

当 座 借 越	
(2)返済額　　60,000	(1)預金残高を超えた 　額　　60,000

② 当座勘定で処理する方法

当座預金の預け入れや引き出しを全て当座勘定で処理する方法もある。この方法を一勘定制という。一勘定制では、当座勘定の借方に残高がある場合は当座預金残高を表し、貸方に残高がある場合は当座借越残高を表す。

(1)　（借方）買掛金　80,000　　　（貸方）当　座　80,000
(2)　（借方）当　座　70,000　　　（貸方）売掛金　70,000

<table>
<tr><td colspan="4" style="text-align:center">当 座</td></tr>
<tr><td>残　高</td><td>20,000</td><td rowspan="2">(1)引出額</td><td rowspan="2">80,000</td></tr>
<tr><td>(2)預入額</td><td>70,000</td></tr>
<tr><td colspan="2"></td><td colspan="2">} 当座（預金）残高</td></tr>
</table>

③　当座預金勘定で処理する方法

　実務においては、煩雑さを避けるために、当座預金の預け入れや引き出しを全て当座預金勘定で処理する方法が一般的である。この方法では、当座預金の残高を超える金額を当座預金勘定の貸方残高とする。

(1)　（借方）買 掛 金　80,000　　　（貸方）当座預金　80,000
(2)　（借方）当座預金　70,000　　　（貸方）売 掛 金　70,000

　決算時に当座預金勘定が貸方残高として残っている場合は、当座借越による負債を表しているため、決算整理で当座借越勘定もしくは借入金勘定に振り替える。例えば、期末における当座預金勘定の貸方残高が¥30,000のときは以下の仕訳となる。

<table>
<tr><td colspan="3" style="text-align:center">当 座 預 金</td></tr>
<tr><td>残　高</td><td>20,000</td><td rowspan="2">引出額</td></tr>
<tr><td>預入額</td><td>70,000</td></tr>
<tr><td>当座借越</td><td>30,000 {</td><td>120,000</td></tr>
</table>

　　　（借方）当座預金　30,000　　　（貸方）当座借越（または借入金）　30,000

c．当座預金出納帳への記入方法

　当座預金出納帳（bank book）は、当座預金の預け入れと引き出しの明細を記録する帳簿である。当座預金出納帳も現金出納帳と同様に補助簿の１つであり、さらに補助記入帳である。

例題 9 － 8
　次の取引を当座預金出納帳に記入し、締め切りなさい。
10月３日　岩手商店に対する買掛金¥30,000を小切手＃1を振り出して支払った。
　　19日　コピー用紙¥10,000を購入し、小切手＃2を振り出して支払った。
　　24日　本月分の給料¥50,000を小切手＃3を振り出して支払った。
　　29日　静岡商店から売掛金¥100,000を同店振出の小切手で受け取り、ただちに当座預金に預け入れた。

解答

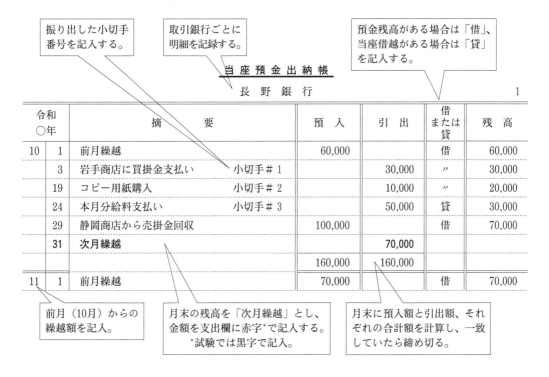

当 座 預 金 出 納 帳

長 野 銀 行　　　　　　　　　　　　　　　　　1

令和〇年		摘　　要		預　入	引　出	借または貸	残　高
10	1	前月繰越		60,000		借	60,000
	3	岩手商店に買掛金支払い	小切手＃1		30,000	〃	30,000
	19	コピー用紙購入	小切手＃2		10,000	〃	20,000
	24	本月分給料支払い	小切手＃3		50,000	貸	30,000
	29	静岡商店から売掛金回収		100,000		借	70,000
	31	次月繰越			70,000		
				160,000	160,000		
11	1	前月繰越		70,000		借	70,000

振り出した小切手番号を記入する。

取引銀行ごとに明細を記録する。

預金残高がある場合は「借」、当座借越がある場合は「貸」を記入する。

前月（10月）からの繰越額を記入。

月末の残高を「次月繰越」とし、金額を支出欄に赤字*で記入する。
*試験では黒字で記入。

月末に預入額と引出額、それぞれの合計額を計算し、一致していたら締め切る。

9.5　小口現金

a．小口現金とは

　企業全体の現金の管理は会計係である経理部の人が行うが、営業部の人が取引先に行くときの交通費や人事部の人が業務で必要な文具代など、経理部以外の部署でも少額の支出は日々生じる。支出のたびに経理部に現金をもらいに行くのは面倒であるため、日々生じる細かい支出に備えてあらかじめ各部署に少額の現金を渡しておくのである。このような現金を小口現金といい、各部署の小口現金を管理する人を小口現金係（庶務係や用度係とも呼ばれる）という。

　会計係は、少額の現金を小口現金係に前渡しし、1週間や1ヵ月といった一定期間後に小口現金係から何にいくら使ったのか報告を受ける。報告を受けたら、使った分だけ小口現金を補給する。このようなシステムを定額資金前渡法（インプレスト・システム）という。

b．小口現金の処理

例題9－9

　次の一連の取引について仕訳をしなさい。

12月1日　定額資金前渡法により、小口現金¥5,000を小切手を振り出して小口現金係に渡した。

　　5日　小口現金係がお茶菓子代（雑費）¥600を小口現金で支払った。

7日　小口現金係より今週の小口現金の支払いについて、次の内容の報告を受けた。

　　　お茶菓子代（雑費）¥600　　バス代（交通費）¥400　　切手代（通信費）¥1,000

〃日　上記の報告に基づいて、同額の小切手を振り出して小口現金を補給した。

解答

	借　方　科　目	金　　　額	貸　方　科　目	金　　　額
12/1	小　口　現　金	5,000	当　座　預　金	5,000
5	仕　訳　な　し			
7	雑　　　　　費 交　　通　　費 通　　信　　費	600 400 1,000	小　口　現　金	2,000
〃	小　口　現　金	2,000	当　座　預　金	2,000

注：12月5日　帳簿に記録するのは会計係であり、会計係は小口現金係から報告を受けるまではこの
　　　　　　　支払いを把握していないため仕訳はしない。
　　　7日　支払報告と小口現金の補給が同時に行われるときは、支払報告時の仕訳と補給時の仕
　　　　　　訳をまとめて行う。

	借　方　科　目	金　　　額	貸　方　科　目	金　　　額
7	雑　　　　　費 交　　通　　費 通　　信　　費	600 400 1,000	当　座　預　金	2,000

ｃ．小口現金出納帳への記入方法

　小口現金係は、小口現金の収支の明細を発生順に小口現金出納帳（petty cashbook）に記帳する。この小口現金出納帳は補助簿の１つであり、さらに補助記入帳である。

(1) 週末（または月末）に補給する場合

　例題９－９を小口現金出納帳に記帳すると以下のようになる。

会計係から受け取った金額を記入。

支払いの明細を記入。

支払い金額を記入。

支出した内容ごとに分類して記入。

小口現金の差引残高を記入。

小 口 現 金 出 納 帳　　　　　　　　1

受入	令和〇年		摘　要	支払	内訳			残高
					交通費	通信費	雑費	
5,000	12	1	小切手					5,000
		5	お茶菓子代	600			600	4,400
		6	バス代	400	400			4,000
		7	切手代	1,000		1,000		3,000
			合計	2,000	400	1,000	600	
2,000		7	小切手					5,000
		〃	次週繰越	5,000				
7,000				7,000				
5,000	12	8	前週繰越					5,000

受入欄と支払欄の合計額が一致しているか確認し締め切る。

補給後の残高を赤字*で記入する。
*試験では黒字で記入。

補給後は一定の金額となる。

(2) 週（または月）の初めに補給する場合

例題9－9において、7日の補給を翌週の初め（8日）に行った場合、小口現金出納帳に記帳すると以下のようになる。

小 口 現 金 出 納 帳　　　　　　　　1

受入	令和〇年		摘　要	支払	内訳			残高
					交通費	通信費	雑費	
5,000	12	1	小切手					5,000
		5	お茶菓子代	600			600	4,400
		6	バス代	400	400			4,000
		7	切手代	1,000		1,000		3,000
			合計	2,000	400	1,000	600	
		〃	次週繰越	3,000				
5,000				5,000				
3,000	12	8	前週繰越					3,000
2,000		〃	小切手					5,000

週（または月）の初めに補給される金額を記入。

週末（または月末）の残高を赤字*で記入する。
*試験では黒字で記入。

第9章・練習問題

1　次の取引の仕訳を示しなさい。

(1)　福井商店から商品¥100,000を仕入れ、代金は現金で支払った。

(2)　得意先埼玉商店に対する売掛金¥30,000を送金小切手で受け取った。

(3)　現金の実際有高は¥90,000であり、現金勘定（帳簿）残高は¥105,000であった。

(4)　決算日に(3)の不一致の原因を調べたところ、¥10,000は買掛金支払の記入漏れであることがわかった。残額は不明である。

	借　方　科　目	金　　　　額	貸　方　科　目	金　　　　額
(1)				
(2)				
(3)				
(4)				

2　次の取引の仕訳を示しなさい。

(1)　島根商店から商品¥20,000を仕入れ、代金は当店振り出しの小切手で支払った。

(2)　山梨商店へ商品（原価¥60,000）を¥80,000で売り渡し、代金は同店振り出しの小切手で受け取り、ただちに当座預金とした。

(3)　福島商店に対する買掛金¥150,000の支払いとして、昨日得意先群馬商店から受け取った同店振り出しの小切手¥120,000と当店振り出しの小切手¥30,000を渡して支払った。

(4)　京都銀行に預けていた定期預金¥200,000が満期となり、利息¥4,000とともに奈良銀行の普通預金に預け入れた。

	借　方　科　目	金　　　　額	貸　方　科　目	金　　　　額
(1)				
(2)				
(3)				
(4)				

3　次の一連の取引の仕訳を示しなさい。なお、当店は銀行と限度額¥200,000の当座借越契約を結んでおり、現在、当座預金残高は¥70,000である。期中に当座借越があるときは当座預金勘定で処理をし、決算日に必要に応じて当座借越勘定を用いること。

(1)　商品¥100,000を仕入れ、代金は小切手を振り出して支払った。

(2)　得意先から、売掛代金として当座預金に¥50,000の振り込みがあった。

(3)　商品¥35,000を仕入れ、代金は小切手を振り出して支払った。

(4) 決算日になった。

	借 方 科 目	金 額	貸 方 科 目	金 額
(1)				
(2)				
(3)				
(4)				

4 次の取引を小口現金出納帳に記入し、締め切りなさい。なお、当店は定額資金前渡法（インプレスト・システム）を採用し、小口現金係は毎週金曜日の営業時間終了後にその週の支払いを報告し、資金の補給を受けている。

9月9日（月）お茶菓子代　￥1,800　　　9月10日（火）切手代　￥700
　　11日（水）タクシー代　￥3,300　　　　12日（木）電車代　￥1,050
　　13日（金）コピー用紙代　￥1,500

小 口 現 金 出 納 帳　　　　　　1

受入	令和○年		摘 要	支払	内訳				残高
					交通費	通信費	消耗品費	雑費	
10,000	9	9	前週繰越						
			合計						
			本日補給						
			次週繰越						
			前週繰越						

第10章　商品売買の処理

　商品を仕入れ、売るということは、企業（特に小売業や卸売業）の主たる活動である。この章では、商品を仕入れたり売ったりしたときの記帳方法を取り上げる。ここまでは、商品売買に関する取引では商品勘定と商品売買益勘定を用いる分記法という方法で仕訳をしてきたが、本章では新たに３分法という方法について学習する。そして、商品売買取引の際に必要となる仕入帳、売上帳、商品有高帳への記入の仕方を習得しよう。本章の最後では商品売買損益の計算方法を学習する。

10.1　分記法

　商品を仕入れたり売り上げたりしたときの処理方法は複数ある。商品勘定（資産）と商品売買益勘定（収益）で処理する方法を分記法という。

　商品を仕入れたときは、仕入れ値（仕入原価という）を商品勘定の借方に記入し、売り上げたときは、商品勘定の貸方に売り上げた商品の仕入原価（売上原価という）を記入するとともに、売価と売上原価の差額を商品売買益勘定の貸方に記帳する。このように、分記法では、売価を仕入原価と商品売買益に分けて記入する。

　分記法は、売り上げのつど商品売買益が計算されるというメリットがある一方で、売上原価を把握しておかなければならないという煩雑さがある。そのため、分記法は、骨董品や美術品などのように、商品の取扱数が少なく、売上原価が把握しやすい商品に適用される。

例題10-1
　次の取引について分記法で仕訳をしなさい。
⑴　愛媛商店は、徳島商店から商品¥2,500を仕入れ、代金は現金で支払った。
⑵　高知商店は、先日¥4,000で仕入れてきた商品を香川商店に¥5,500で売り上げ、代金は現金で受け取った。

解答

	借方科目	金　額	貸方科目	金　額
(1)	商　　　品	2,500	現　　　金	2,500
(2)	現　　　金	5,500	商　　　品 商 品 売 買 益	4,000 1,500

10.2　3分法

a．3分法とは

　実務において、分記法は不便であるため、3分法が広く用いられている。3分法とは、商品売買に関する取引を、仕入勘定（費用）、売上勘定（収益）、繰越商品勘定（資産）の3つの勘定に分けて記帳する方法である。仕入に関する取引は仕入勘定を、売上に関する取引は売上勘定を、期首と期末における商品有高は繰越商品勘定を用いる。

例題10−2

　例題10−1を3分法で仕訳をしなさい。

解答

	借方科目	金　額	貸方科目	金　額
(1)	仕　　　入	2,500	現　　　金	2,500
(2)	現　　　金	5,500	売　　　上	5,500

b．仕入諸掛りと売上諸掛りの処理

　商品を仕入れるとき、運送会社に商品を配送してもらったり、配送時の故障や紛失等に備えて保険を掛けたりすることがある。このように、商品を仕入れるときにかかった、運送会社に対する運賃や保険料などの費用を仕入諸掛りという。仕入諸掛りは商品の仕入にかかる費用であるため、仕入側が負担するときは商品の仕入原価に含めて処理をする※。

　また、商品を売り上げた際、運送会社に対する運賃や保険料などの費用を売上諸掛りという。お客さんへのサービスとして、送料を売り手側が負担することがある。このようなとき、売上諸掛りは発送費（費用）として処理する。

　　※売り手側が負担する仕入諸掛りと、買い手側が負担する売上諸掛りは立替金で処理をする。売上諸掛り
　　　について、立替金勘定を設けていない場合は、売掛金勘定で処理する。これについては第13章で学習す
　　　る。

例題10－3

次の取引について仕訳をしなさい。

(1) 商品￥2,000を仕入れ、代金は掛けとした。なお、引取運賃（当店負担）￥300を現金で支払った。

(2) 商品￥4,000を売り上げ、代金は掛けとした。なお、発送運賃（当店負担）￥500を現金で支払った。

解答

	借方科目	金 額	貸方科目	金 額
(1)	仕　　　　　入	2,300	買　　掛　　金	2,000
			現　　　　　金	300
(2)	売　　掛　　金	4,000	売　　　　　上	4,000
	発　　送　　費	500	現　　　　　金	500

ｃ．商品の返品と値引きの処理

　届いた商品が注文した商品と異なっていたり、壊れていたりしたときには、仕入先に商品を返品する。このようにいったん仕入れた商品を返品することを仕入戻しという。仕入戻しをしたときは、返品分の仕入を取り消す処理を行う。

　これを売り手側からみると、いったん売り上げた商品が販売先から返品されたことになる。このように、売り上げた商品が販売先から返品されることを売上戻りという。売上戻りがあったときは、返品分の売り上げを取り消す処理を行う。

　また、仕入れた商品に傷や汚れなどがある場合は、商品の代金をまけてもらうことがある。これを仕入値引きという。仕入値引きをしてもらったときは、値引いてもらった分安く商品の仕入を行ったことになるため、値引き分の仕入を取り消す。

　これを売り手側から見ると、売り上げた商品の代金をまけたことになる。このように、売り上げた商品の代金をまけることを売上値引きという。売上値引きをしたときは、値引いた分安く売り上げたことになるため、値引き分の売上を取り消す。（なお、日商簿記3級では、平成31年度より適用される出題範囲の改定により、仕入値引きと売上値引きは削除される。）

例題10－4

次の取引について仕訳をしなさい。

(1) 先に掛けで仕入れた商品￥2,000のうち、品違いのため￥400を返品した。

(2) 先日掛けで売り上げた商品￥7,000のうち、品違いのため￥1,000が返品された。

(3) 先に掛けで仕入れた商品￥2,000のうち、汚損のため￥400の値引きを受けた。

(4) 先日掛けで売り上げた商品￥7,000のうち、品違いのため￥1,000の値引きをした。

解答

	借方科目	金 額	貸方科目	金 額
(1)	買　掛　金	400	仕　　　入	400
(2)	売　　　上	1,000	売　掛　金	1,000
(3)	買　掛　金	400	仕　　　入	400
(4)	売　　　上	1,000	売　掛　金	1,000

　仕訳を見ると、仕入戻しと仕入値引き、売上戻りと売上値引きはそれぞれ同じであるが、仕入戻しと売上戻りは商品が返品されるため買い手側の手元に商品が残らないのに対して、仕入値引きと売上値引きは商品が返品されないため、買い手側の手元に商品が残っているという違いがある。

ｄ．消費税の処理

　消費税は、商品の販売やサービスの提供に対して課せられる税金であり、消費者が負担し、企業が納付する間接税である。

　商品を仕入れたときは仮払消費税勘定（資産）を、売り渡したときは仮受消費税勘定（負債）を用いて仕訳をする。企業が納付する金額は、販売時に受け取った消費税額と仕入れ時に支払った消費税額の差額である。期末に納付すべき消費税額を計上するときは未払消費税勘定（負債）を用いる。

例題10－5

　次の一連の取引について仕訳をしなさい。
⑴　石川商店から商品¥10,800（消費税¥800を含む）を仕入れ、代金は現金で支払った。
⑵　山口商店に商品¥12,960（消費税¥960を含む）を売り渡し、代金は現金で受け取った。
⑶　期末日に納付する消費税額を計上した。

解答

	借方科目	金 額	貸方科目	金 額
(1)	仕　　　入 仮 払 消 費 税	10,000 800	現　　　金	10,800
(2)	現　　　金	12,960	売　　　上 仮 受 消 費 税	12,000 960
(3)	仮 受 消 費 税	960	仮 払 消 費 税 未 払 消 費 税	800 160

10. 3　仕入帳と売上帳

a．仕入帳への記入

　仕入帳とは、商品の仕入れに関する明細を発生順に記録する補助簿である。さらに、仕入帳は、仕入勘定という特定の勘定の明細を商品別や取引先別に記録することから、補助元帳に分類される。

例題10－6

　次の仕入に関する取引を仕入帳に記入しなさい。

2月2日　北海道商店より運動靴10足（@¥1,000）を仕入れ、現金で支払った。なお、引取運賃¥2,000（当店負担）を現金で支払った。

12日　宮城商店よりボール50個（@¥300）とタオル30枚（@¥200）を掛けで仕入れた。

14日　宮城商店より掛けで仕入れたボール5個（@¥300）を返品した。

解答

仕入れの内容（仕入先や商品名）を記入する。

2品目以上仕入れたときなどの内訳金額を記入する。

仕 入 帳

令和○年		摘　　　要			内　訳	金　額
2	2	北海道商店		現金		
		運動靴	10足	@¥1,000	10,000	
		引取運賃現金払い			2,000	12,000
	12	宮城商店		掛け		
		ボール	50個	@¥300	15,000	
		タオル	30枚	@¥200	6,000	21,000
	14	宮城商店		掛け返品		
		ボール	5個	@¥300		1,500
	28			総 仕 入 高		33,000
	〃			仕 入 戻 し 高		1,500
				純 仕 入 高		31,500

仕入返品高・値引高は赤で記入する。

仕入戻し高は赤で記入する。

返品や値引きの金額は合計しない。仕入勘定の借方合計額と一致する。

仕入勘定の貸方合計額と一致する。

b．売上帳への記入

　売上帳とは、商品の売り上げに関する明細を発生順に記録する補助簿である。さらに、売上帳は、売上勘定という特定の勘定の明細を商品別や取引先別に記録することから、補助元帳に分類される。

例題10－7

次の売上に関する取引を売上帳に記入しなさい。

3月3日　栃木商店にタオル25枚（@¥300）を売り上げ、現金を受け取った。

　14日　茨城商店にボール20個（@¥500）と運動靴10足（@¥1,500）を掛けで売り上げた。

　18日　茨城商店に掛けで売り上げた運動靴3足（@¥1,500）が返品された。

解答

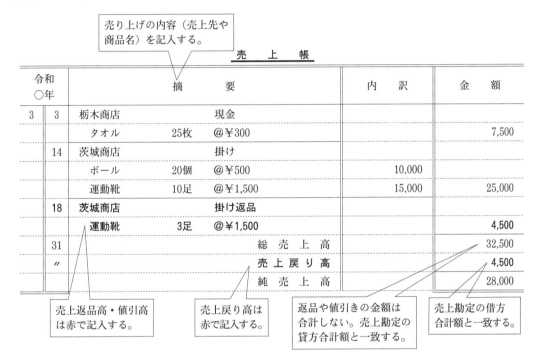

令和○年		摘　　要			内　訳	金　額
3	3	栃木商店		現金		
		タオル	25枚	@¥300		7,500
	14	茨城商店		掛け		
		ボール	20個	@¥500	10,000	
		運動靴	10足	@¥1,500	15,000	25,000
	18	茨城商店		掛け返品		
		運動靴	3足	@¥1,500		4,500
	31			総　売　上　高		32,500
	〃			売　上　戻　り　高		4,500
				純　売　上　高		28,000

売り上げの内容（売上先や商品名）を記入する。

売上返品高・値引高は赤で記入する。

売上戻り高は赤で記入する。

返品や値引きの金額は合計しない。売上勘定の貸方合計額と一致する。

売上勘定の借方合計額と一致する。

10.4　商品有高帳

　商品有高帳とは、商品の種類ごとに、受け入れ（仕入れ）や払い出し（売り上げ）のつど、数量、単価、金額を記録し、商品の増減や在庫を管理するための補助簿である。さらに、商品有高帳は、補助簿の中でも補助元帳の1つである。

　同じ商品でも、仕入先や仕入れる時期などによって仕入単価が異なることがある。この場合、どの仕入単価を払出単価とするかという問題が生じる。払出単価の決め方には複数の方法があるが、ここでは先入先出法と総平均法、移動平均法について学習する。（なお、日商簿記3級では総平均法は範囲に含まれない。）

a．先入先出法

先入先出法は、先に受け入れた商品から先に払い出すものと仮定して、払出単価を決める方法である。

例題10－8

次のTシャツについての取引を商品有高帳に記入しなさい。ただし、払出単価は先入先出法によるものとし、前月繰越は¥4,000（10枚@¥400）であったとする。

6月3日　仕入：Tシャツ40枚　@¥450　　　　　¥18,000
　　11日　売上：Tシャツ45枚　@¥600（売価）　¥27,000
　　17日　仕入：Tシャツ25枚　@¥500　　　　　¥12,500
　　24日　売上：Tシャツ25枚　@¥700（売価）　¥17,500

解答

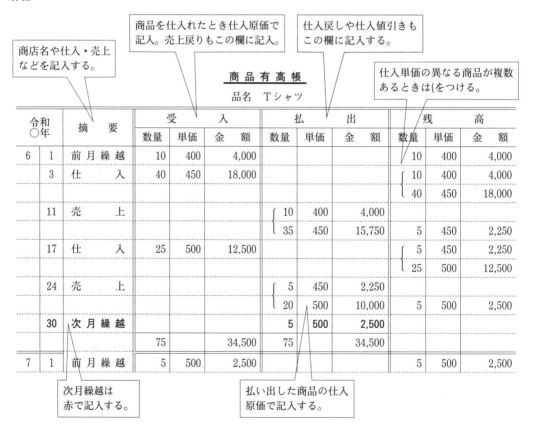

商品有高帳
品名　Tシャツ

令和○年		摘　要	受　入			払　出			残　高		
			数量	単価	金額	数量	単価	金額	数量	単価	金額
6	1	前月繰越	10	400	4,000				10	400	4,000
	3	仕　入	40	450	18,000				{ 10	400	4,000
									40	450	18,000
	11	売　上				{ 10	400	4,000			
						35	450	15,750	5	450	2,250
	17	仕　入	25	500	12,500				{ 5	450	2,250
									25	500	12,500
	24	売　上				{ 5	450	2,250			
						20	500	10,000	5	500	2,500
	30	次月繰越				5	500	2,500			
			75		34,500	75		34,500			
7	1	前月繰越	5	500	2,500				5	500	2,500

商店名や仕入・売上などを記入する。

商品を仕入れたとき仕入原価で記入。売上戻りもこの欄に記入。

仕入戻しや仕入値引きもこの欄に記入する。

仕入単価の異なる商品が複数あるときは{をつける。

次月繰越は赤で記入する。

払い出した商品の仕入原価で記入する。

b．総平均法

総平均法は、前月繰越（または前期繰越）と1ヵ月（または1年度中）の受け入れ金額の合計額

を受け入れ数量の合計で割って算定した平均単価を払出単価とする方法である。

　例題10－8に総平均法を適用したときの平均単価と売上原価、次月繰越額は次のとおりである。

　　平均単価：（前月繰越¥4,000＋6月3日仕入¥18,000＋17日仕入¥12,500）÷（前月繰越10枚
　　　　　　　＋6月3日仕入40枚＋17日仕入25枚）＝＠¥460

　　売上原価：＠¥460×（6月11日売上45枚＋24日売上25枚）＝¥32,200

　この方法は、1回の計算で平均単価が計算できるというメリットがある反面、1ヵ月（または1年）が終了しなければ計算できないため、売上高と同時に売上原価を計算できない。そのため、総平均法を採用する場合は、実際の取得原価から算定するのではなく、事前に見積って設定した予定価格を払出単価とする。

ｃ．移動平均法

　移動平均法は、商品の受け入れのつど平均単価を計算し、その平均単価を払出単価とする方法である。

例題10－9

　例題10－8の取引を商品有高帳に記入しなさい。ただし、払出単価は移動平均法によるものとする。

解答

直前の残高欄の平均単価が払出単価となる。

受け入れのつど、合計金額と合計数量から平均単価を算定する。

商 品 有 高 帳

品名　Ｔシャツ

令和○年		摘　要	受　入			払　出			残　高		
			数量	単価	金　額	数量	単価	金　額	数量	単価	金　額
6	1	前 月 繰 越	10	400	4,000				10	400	4,000
	3	仕　　入	40	450	18,000				50	440	22,000
	11	売　　上				45	440	19,800	5	440	2,200
	17	仕　　入	25	500	12,500				30	490	14,700
	24	売　　上				25	490	12,250	5	490	2,450
	30	次 月 繰 越				5	490	2,450			
			75		34,500	75		34,500			
7	1	前 月 繰 越	5	490	2,450				5	490	2,450

— 89 —

10.5　商品売買損益の計算

　商品売買に関する取引を3分法によって記帳した場合、取引ごとに商品売買益（または商品売買損）は計算されない。そこで、決算日に当該会計期間の商品売買損益を計算する必要がある。
　商品売買益（または商品売買損）は次のように求められる。

　　　　　　純売上高－売上原価＝商品売買益（マイナスのときは商品売買損）

　売上原価は、当該会計期間に売り上げた商品の仕入原価であり、以下のように求められる。

　　　　　　（期首商品棚卸高＋純仕入高）－期末商品棚卸高＝売上原価

例題10－10

　奈良商店における一会計期間の仕入勘定、売上勘定の合計額は下記の通りである。よって、（1）売上原価と（2）商品売買損益を計算しなさい。ただし、期末商品棚卸高は￥15,000である。

繰越商品			仕入	
1/1 前期繰越　25,000			1/1～12/31　　180,000 （総仕入高）	1/1～12/31　　2,000 （仕入値引き・戻し高）

（総仕入高）￥180,000　－　（仕入値引き・戻し高）￥2,000　＝　（純仕入高）￥178,000

売上	
1/1～12/31　　3,000 （売上値引き・戻り高）	1/1～12/31　　200,000 （総売上高）

（総売上高）￥200,000　－　（売上値引き・戻り高）￥3,000　＝　（純売上高）￥197,000

解答

（1）売上原価の計算

　　（期首商品棚卸高）￥25,000＋（純仕入高）￥178,000－（期末商品棚卸高）￥15,000

　　＝（売上原価）￥188,000

（2）商品売買損益の計算

　　（純売上高）￥197,000－（売上原価）￥188,000＝（商品売買益）￥9,000

　商品有高帳を用いて売上原価を算定する場合は、払出欄の合計金額が売上原価となる。ここで、例題10－8と例題10－9で示した商品有高帳を使って商品売買損益を計算してみよう。

	例題10－8 （先入先出法の場合）	例題10－9 （移動平均法の場合）
売上高	（6月11日の売上）¥27,000 ＋ （24日の売上）¥17,500 ＝ ¥44,500	
売上原価	（6月11日の払出金額）¥4,000＋¥15,750＋（24日の払出金額）¥2,250＋¥10,000 ＝¥32,000	（6月11日の払出金額）¥19,800＋（24日の払出金額）¥12,250＝¥32,050
商品売買損益	売上高¥44,500－売上原価¥32,000＝¥12,500	売上高¥44,500－売上原価¥32,050＝¥12,450

第10章・練習問題

1　次の取引を3分法で仕訳しなさい。
 (1)　山形商店より商品¥45,000を仕入れ、代金は掛けとした。なお、当店負担の引取運賃¥500を現金で支払った。
 (2)　(1)で仕入れた商品のうち¥2,000を品違いのため返品した。
 (3)　鳥取商店へ商品¥90,000を売り渡し、代金は掛けとした。なお、当店負担の発送費¥1,200を現金で支払った。
 (4)　(3)で売り渡した商品のうち、¥5,000が品質不良のため返品された。
 (5)　沖縄商店へ商品¥130,000を売り渡し、代金のうち¥100,000は同店振り出しの小切手で受け取り、残額は掛けとした。

	借　方　科　目	金　　　　　額	貸　方　科　目	金　　　　　額
(1)				
(2)				
(3)				
(4)				
(5)				

2　次の一連の取引の仕訳を示しなさい。
 (1)　和歌山商店から商品¥54,000（消費税¥4,000を含む）を仕入れ、代金は当店振り出しの小切手で支払った。
 (2)　神奈川商店へ商品¥118,800（消費税¥8,800を含む）を売り渡し、代金は同店振り出しの小切手で受け取り、ただちに当座預金とした。
 (3)　期末日に納付する消費税額を計上した。

	借 方 科 目	金　　　額	貸 方 科 目	金　　　額
(1)				
(2)				
(3)				

3　次の資料に基づいて、先入先出法による①商品有高帳の記入を示し（帳簿の締め切りも行うこと）、②7月中の売上高、売上原価および売上総利益を計算しなさい。

7月1日　前期繰越　5箱　@¥2,500　　　　7月5日　仕　　　入　10箱　@¥2,700
　12日　売　　　上　4箱　@¥3,800　　　　　18日　売　　　上　7箱　@¥3,700
　23日　仕　　　入　5箱　@¥2,600　　　　　26日　売　　　上　6箱　@¥3,800

商 品 有 高 帳
品名　リングファイル

令和○年	適　　要	受　　入			払　　出			残　　高		
		数量	単価	金　額	数量	単価	金　額	数量	単価	金　額

売上高	売上原価	売上総利益
¥	¥	¥

第11章　売掛金と買掛金

　商品の売買において、代金の決済を後日行うことを約束した取引のことを掛取引という。商品の販売を掛取引によって行った際に生じる債権のことを売掛金といい、商品の仕入れを掛取引によって行った際に生じる債務のことを買掛金という。

11.1　売掛金と売掛金元帳

　売掛金勘定は資産の勘定であるため、商品の販売によって売掛金が発生または増加したときには、売掛金勘定の借方に記入し、代金の回収等によって売掛金が消滅または減少したときには、売掛金勘定の貸方に記入する。

　売掛金勘定では、得意先全体としての売掛金の増減や残高が記録される。しかし、掛取引を行う得意先が複数ある場合、得意先別の売掛金に関する情報を把握することができない。そこで、売掛金勘定とは別に、売掛金元帳という補助簿を作成することによって売掛金を管理する。売掛金元帳では、人名勘定と呼ばれる各得意先の名称を勘定科目として、得意先別に売掛金の増減や残高が記録される。

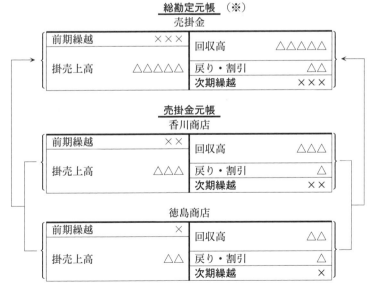

※英米式決算法では、勘定の締切り時に前期繰越の金額を記入するが、本章では省略している。

例題11－1

次の取引を仕訳し、売掛金勘定および売掛金元帳に記入して締め切りなさい。

3月4日　北海道商店に商品￥400,000を売り渡し、代金は掛けとした。

　　8日　青森商店に商品￥250,000を売り渡し、代金は掛けとした。

　　11日　北海道商店へ売り渡した商品のうち、￥25,000が品違いのため返品された。

　　20日　北海道商店に対する売掛金のうち、￥300,000を同店振り出しの小切手で受け取った。

　　25日　青森商店に対する売掛金のうち、￥200,000を現金で受け取った。

解答

	借　方　科　目	金　　　　額	貸　方　科　目	金　　　　額
3 / 4	売　　掛　　金	400,000	売　　　　　上	400,000
8	売　　掛　　金	250,000	売　　　　　上	250,000
11	売　　　　　上	25,000	売　　掛　　金	25,000
20	現　　　　　金	300,000	売　　掛　　金	300,000
25	現　　　　　金	200,000	売　　掛　　金	200,000

総　勘　定　元　帳

売　掛　金

3 / 4	売	上	400,000	3 /11	売	上	25,000
8	売	上	250,000	20	現	金	300,000
				25	現	金	200,000
				31	次　期　繰　越		125,000
			650,000				650,000

売　掛　金　元　帳

北　海　道　商　店

3 / 4	売	上	400,000	3 /11	売	上	25,000
				20	現	金	300,000
				31	次　期　繰　越		75,000
			400,000				400,000

青　森　商　店

3 / 8	売	上	250,000	3 /25	現	金	200,000
				31	次　期　繰　越		50,000
			250,000				250,000

11.2 買掛金と買掛金元帳

　買掛金勘定は負債の勘定であるため、商品の仕入れによって買掛金が発生または増加したときには、買掛金勘定の貸方に記入し、代金の支払い等によって買掛金が消滅または減少したときには、買掛金勘定の借方に記入する。

　買掛金勘定では、仕入先全体としての買掛金の増減や残高が記録される。しかし、掛取引を行う仕入先が複数ある場合、仕入先別の買掛金に関する情報を把握することができない。そこで、買掛金勘定とは別に、買掛金元帳という補助簿を作成することによって買掛金を管理する。売掛金元帳同様、買掛金元帳においても、人名勘定と呼ばれる各仕入先の名称を勘定科目として、仕入先別に買掛金の増減や残高が記録される。

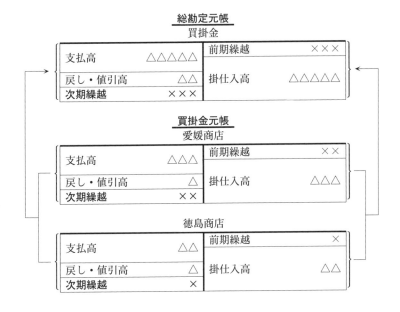

例題11－2

　次の取引を仕訳し、買掛金勘定および買掛金元帳に記入して締め切りなさい。

　7月3日　秋田商店から商品¥300,000を仕入れ、代金は掛けとした。

　　10日　山形商店から商品¥180,000を仕入れ、代金は掛けとした。

　　12日　秋田商店から仕入れた商品の一部に不良品があったため、¥20,000の値引きを受けた。

　　25日　秋田商店に対する買掛金のうち、¥220,000を小切手を振り出して支払った。

　　30日　山形商店に対する買掛金のうち、¥150,000を現金で支払った。

解答

	借 方 科 目	金 額	貸 方 科 目	金 額
7 / 3	仕　　　　　入	300,000	買　　掛　　金	300,000
10	仕　　　　　入	180,000	買　　掛　　金	180,000
12	買　　掛　　金	20,000	仕　　　　　入	20,000
25	買　　掛　　金	220,000	当　座　預　金	220,000
30	買　　掛　　金	150,000	現　　　　　金	150,000

総 勘 定 元 帳

買　掛　金

7 /12	仕　　　　入	20,000	7 / 3	仕　　　　入	300,000
25	当　座　預　金	220,000	10	仕　　　　入	180,000
30	現　　　　金	150,000			
31	次　期　繰　越	90,000			
		480,000			480,000

買　掛　金　元　帳

秋　田　商　店

7 /12	仕　　　　入	20,000	7 / 3	仕　　　　入	300,000
25	当　座　預　金	220,000			
31	次　期　繰　越	60,000			
		300,000			300,000

山　形　商　店

7 /30	現　　　　金	150,000	7 /10	仕　　　　入	180,000
31	次　期　繰　越	30,000			
		180,000			180,000

11.3　クレジット売掛金

　商品の販売に際して、その代金の支払いをクレジットカードによって受けた場合、販売代金は後日信販会社を通じて受け取ることになる。

　クレジットカードによって支払いが行われたとき、その代金を顧客から回収するのは信販会社であり、商品を販売した企業は信販会社から販売代金を回収することになる。つまり、企業は信販会社に対して販売代金に関する債権を有することになる。通常の掛取引の場合、企業は顧客である得意先に対して売掛金という債権を有することになるので、この点を区別するために、クレジットカードによって支払いが行われたときにはクレジット売掛金勘定を用いて処理する。

また、信販会社は企業に代わって顧客から販売代金を回収することになるため、クレジットカードで商品を販売した場合、企業は信販会社に販売代金の一部を手数料として支払う必要がある。この手数料は費用の勘定である支払手数料勘定の借方に記入し、クレジット売掛金勘定の借方には、販売代金から支払手数料を差し引いた金額が記入されることになる。後日信販会社から販売代金を回収したときには、クレジット売掛金勘定の貸方に記入する。

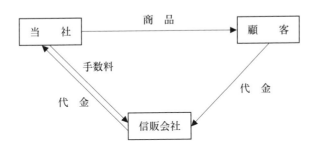

例題11－3

次の一連の取引を仕訳しなさい。

(1) 商品¥150,000をクレジット払いの条件で販売した。なお、信販会社への手数料（販売代金の4％）は販売時に計上する。

(2) 信販会社より上記の販売代金が当社の当座預金口座に振り込まれた。

解答

	借　方　科　目	金　　　　　額	貸　方　科　目	金　　　　　額
(1)	クレジット売掛金 支　払　手　数　料	144,000 6,000	売　　　　　　上	150,000
(2)	当　座　預　金	144,000	クレジット売掛金	144,000

※支払手数料：販売代金¥150,000×0.04＝¥6,000

第11章・練習問題

次の取引を仕訳し、売掛金勘定および買掛金勘定に転記しなさい。また、売掛金元帳および買掛金元帳に記入しなさい。なお、売掛金勘定には¥330,000（石川商店¥150,000　富山商店¥180,000）の前期繰越高が、買掛金勘定には¥260,000（福井商店¥60,000　岐阜商店¥200,000）がそれぞれ存在する。

1月3日　福井商店から商品¥180,000を仕入れ、代金は掛けとした。

　　8日　石川商店に商品¥320,000を売り渡し、代金は掛けとした。

　　14日　福井商店から仕入れた商品の一部に品違いがあり、商品¥30,000を返品した。

　　19日　岐阜商店に対する買掛金のうち、¥200,000を小切手を振り出して支払った。

21日　石川商店へ売り渡した商品の一部に不良品があったため、¥50,000を値引きした。

26日　富山商店に対する売掛金のうち、¥150,000を現金で受け取った。

解答

	借　方　科　目	金　　　　額	貸　方　科　目	金　　　　額
1 / 3				
8				
14				
19				
21				
26				

総　勘　定　元　帳

売　掛　金

買　掛　金

売　掛　金　元　帳

石　川　商　店

富　山　商　店

買　掛　金　元　帳

福　井　商　店

岐　阜　商　店

第12章　貸し倒れと貸倒引当金

　本章では、現金を受け取る権利である債権（ここでは売掛金のみ対象）が現実に回収不能（貸し倒れ）となった場合の仕訳と次期に売掛金が回収不能となることが予想される場合の決算時の仕訳について学習する。このように、簿記では、期間損益計算を正しく確定する目的から、将来発生することが予想される事象（資産の減少）についても取引として認識する。

12.1　貸し倒れ

　売掛金は、商品を売り上げた際に、後日現金を受け取る権利である。これらは将来に属する事象のために、企業に現金などの資金が確実に流入する（回収可能な）わけではない。**貸し倒れ**とは、このような売掛金の残高がある得意先の倒産などで、その**売掛金の残高が回収不能となり、現金を受け取る権利が消滅する**事象である。

12.2　貸し倒れの処理

　貸し倒れが発生すると、売掛金残高が回収不能となることから、売掛金残高を減額する処理と貸倒損失（費用）が発生する処理が行われる。仕訳は次のとおりである。すなわち、**貸倒損失**勘定の借方（費用の発生）と売掛金勘定の貸方（資産の減少）に記入がなされ、下記のような仕訳がなされる。

（借　　方）	（貸　　方）
貸倒損失　　××× （費用の発生）	売掛金　　××× （資産の減少）

　なお、主要簿の記入と同時に、**売掛金元帳（補助元帳）**の該当する店名勘定の売掛金残高の貸方にもこの経済事象を記入し、貸し倒れとなった商店の売掛金を減少させる。

例題12－1

次の取引の仕訳をしなさい。

得意先福岡商店が倒産したため、同店に対する売掛金¥150,000が回収不能となった。

解答

借方科目	金　額	貸方科目	金　額
貸倒損失	150,000	売　掛　金	150,000

＊同時に売掛金元帳　福岡商店の貸方に¥150,000記入する

12.3　貸倒引当金の見積もり

　決算日において、売掛金の残高に対する貸し倒れの金額（回収不能額）は、あらかじめ見積もることができる。しかしながら、この見積金額は、まだ回収不能と確定していない金額であるために、売掛金勘定の貸方に直接に記入せず、**貸倒引当金**勘定を用いて処理する。同様に、貸倒損失勘定の借方に記入はせず、**貸倒引当金繰入**勘定（費用の発生）の借方に記入する。貸倒引当金勘定への貸方記入は、事実上資産の減少を意味するために、貸借対照表上では借方の当該資産の減少項目として計上される。

（借　　方）　　　　　　　（貸　　方）
貸倒引当金繰入　　××　　　貸倒引当金　××
＜費用の発生＞　　　　　　＊まだ貸し倒れが確定していないために売掛金の減
　　　　　　　　　　　　　　少ではないので貸倒引当金勘定を用いる。

例題12－2

次の取引の仕訳をしなさい。

⑴　山口商店の第１期の決算（12月31日）にあたり、売掛金残高¥150,000に対して５％の貸し倒れを見積もった。

⑵　山口商店の第２期５月12日に、佐賀商店に対する売掛金¥6,500が貸倒れ、貸倒引当金勘定残高¥7,500から補填した。

⑶　山口商店の第2期の決算（12月31日）にあたり、売掛金残高¥150,000に対して５％の貸し倒れを見積もった。ただし、貸倒引当金勘定の残高は¥1,000である

⑷　山口商店の第３期５月12日に、熊本商店に対する売掛金¥9,000が貸し倒れ、貸倒引当金勘定残高¥7,500から補填した。

解答

	借方科目	金　額	貸方科目	金　額
(1)	貸倒引当金繰入	7,500	貸 倒 引 当 金	7,500
(2)	貸 倒 引 当 金	6,500	売 　 掛 　 金	6,500
(3)	貸倒引当金繰入	6,500	貸 倒 引 当 金	6,500
(4)	貸 倒 引 当 金 貸 倒 損 失	7,500 1,500	売 　 掛 　 金	9,000

⑴　¥150,000（売掛金残高）×0.05＝¥7,500　　　¥7,500－0（貸倒引当金残高）＝¥7,500
　　（貸倒引当金繰入額）

⑵　貸倒引当金の見積もりの翌期に売掛金が回収不能になった場合、貸倒損失として処理するのではなく、
　　先ず貸倒引当金勘定の残高で補填する。貸倒損失勘定で処理すると費用の２重計上となる。同時に売掛
　　金元帳佐賀商店の貸方に¥6,500記入する。貸倒引当金勘定の残高は、¥7,500－¥6,500＝¥1,000

⑶　¥150,000（売掛金残高）×0.05＝¥7,500　　　¥7,500－¥1,000（貸倒引当金残高）＝¥6,500
　　（貸倒引当金繰入額）決算にあたり、貸倒引当金勘定に残高がある場合、見積もり額の差額を貸倒引当
　　金繰入とする。そして、決算後、貸倒引当金勘定の残高は、見積もり額に修正される。貸倒引当金残高
　　は、¥1,000＋¥6,500＝¥7,500に修正

⑷　貸倒引当金の見積もりの翌期に売掛金が回収不能になった場合、先ず、貸倒損失勘定として
　　処理するのではなく、貸倒引当金勘定の残高で補填する。残高より多い金額が回収不能となった場合は
　　その金額は貸倒損失勘定で処理する。また、売掛金元帳　熊本商店の貸方に¥9,000記入する

第12章・練習問題

次の取引の仕訳をしなさい。

⑴　沖縄商店の第１期の決算（12月31日）にあたり、売掛金残高¥300,000に対して５％の貸し倒れ
　　を見積もった。

⑵　沖縄商店の第２期６月12日に、宮城商店に対する売掛金¥6,500が貸倒れ、貸倒引当金勘定残
　　高¥15,000から補填した。

⑶　沖縄商店の第２期の決算（12月31日）にあたり、売掛金残高¥200,000に対して５％の貸し倒れ
　　を見積もった。ただし、貸倒引当金勘定の残高は¥8,500である

⑷　沖縄商店の第３期７月12日に、青森商店に対する売掛金¥15,000が貸倒れ、貸倒引当金勘定残
　　高から補填した。

	借方科目	金　額	貸方科目	金　額
(1)				
(2)				
(3)				
(4)				

第13章　その他の債権・債務

商品の販売や仕入に伴って発生する債権・債務のうち、売掛金および買掛金については第11章で学習した。また、受取手形および支払手形については第14章で学習する。本章では、それら以外の債権・債務について学習する。

13.1　貸付金と借入金

企業は、借用証書を用いて他の企業や金融機関、従業員などとの間で金銭の貸し借りを行うことがある。金銭を貸し付けたときには貸付金勘定の借方に記入し、貸し付けた金銭の返済を受けたときには貸付金勘定の貸方に記入する。また、金銭を借り入れたときには借入金勘定の貸方に記入し、借り入れた金銭を返済したときには借入金勘定の借方に記入する。

なお、金銭の貸し借りを行ったときには利息の発生が伴うことになる。貸付金を有する場合に利息を受け取ったときには、収益の勘定である受取利息勘定の貸方に記入し、借入金を有する場合に利息を支払ったときには費用の勘定である支払利息勘定の借方に記入する。

例題13－1

次の一連の取引を岩手商店と宮城商店のそれぞれの立場で仕訳しなさい。

(1) 岩手商店は宮城商店に対して現金¥600,000を期間4ヵ月、年利率6％で貸し付けた。

(2) 岩手商店は満期日に宮城商店から貸付金を利息とともに同店振出しの小切手で受け取った。

解答

		借 方 科 目	金 額	貸 方 科 目	金 額
岩手商店	(1)	貸　付　金	600,000	現　　　金	600,000
	(2)	現　　　金	612,000	貸　付　金 受　取　利　息	600,000 12,000
宮城商店	(1)	現　　　金	600,000	借　入　金	600,000
	(2)	借　入　金 支　払　利　息	600,000 12,000	当　座　預　金	612,000

※利息計算：貸付金の金額¥600,000×年利率0.06×$\dfrac{4\,\text{ヵ月}}{12\,\text{ヵ月}}$＝¥12,000

13.2　未収入金と未払金

　商品の販売や仕入れのような企業の主たる営業活動によって生じた債権・債務は売掛金勘定や買掛金勘定に記入することはすでに学習した。しかし、企業は建物の購入や備品の売却などのような主たる営業活動以外の売買取引についても行っており、このような取引から生じた債権・債務を区別して勘定記入を行う。

　商品以外のものを売却した際の代金の未回収分については未収入金勘定の借方に記入し、代金を回収したときに貸方に記入する。また、商品以外のものを購入した際の代金の未払い分については未払金勘定の貸方に記入し、代金を支払ったときに借方に記入する。

例題13－2

　次の取引を仕訳しなさい。
- (1) 不要になった事務用の机（帳簿価額¥100,000）を¥100,000で売却し、代金は月末に受け取ることにした。
- (2) 上記の代金¥100,000を現金で受け取った。
- (3) 営業用の自動車を¥1,500,000で購入し、代金は月末に支払うことにした。
- (4) 上記の代金¥1,500,000を小切手を振り出して支払った。

解答

	借　方　科　目	金　　　　額	貸　方　科　目	金　　　　額
(1)	未　収　入　金	100,000	備　　　　　品	100,000
(2)	現　　　　　金	100,000	未　収　入　金	100,000
(3)	車　両　運　搬　具	1,500,000	未　　払　　金	1,500,000
(4)	未　　払　　金	1,500,000	当　座　預　金	1,500,000

13.3　前払金と前受金

　商品等の売買において、現物の受け渡しに先立って代金の一部を手付金や内金などの形で授受することがある。このとき、手付金や内金を支払った側は商品等を受け取る権利が生じるので、資産の勘定である前払金勘定の借方に記入する。他方、手付金や内金を受け取った側は商品等を引き渡す義務が生じるので、負債の勘定である前受金勘定の貸方に記入する。

　手付金や内金を支払った側が商品等の現物を受け取ったときには、前払いした額を前払金勘定の貸方に記入する。また、手付金や内金を受け取った側が商品等を引き渡したときには、前受けした額を前受金勘定の借方に記入する。

例題13－3

次の一連の取引を福島商店と新潟商店のそれぞれの立場で仕訳しなさい。

⑴ 福島商店は新潟商店に商品¥400,000を注文し、手付金として¥60,000を現金で支払った。

⑵ 福島商店は新潟商店から上記の商品を仕入れ、手付金との差額の支払いは掛けとした。

解答

		借　方　科　目	金　　　　額	貸　方　科　目	金　　　　額
福島商店	⑴	前　払　金	60,000	現　　　金	60,000
	⑵	仕　　　入	400,000	前　払　金 買　掛　金	60,000 340,000
新潟商店	⑴	現　　　金	60,000	前　受　金	60,000
	⑵	前　受　金 売　掛　金	60,000 340,000	売　　　上	400,000

13.4　立替金と預り金

本来であれば取引先や従業員などが負担すべき費用を企業が一時的に立て替えて支払うことがある。このような場合、立て替えた額を相手方に請求する権利が生じることから、資産の勘定である立替金勘定の借方に記入し、返済を受けたときには貸方に記入する。また、一時的に金銭を預かった場合には、その額を返済する義務が生じることから、負債の勘定である預り金勘定の貸方に記入し、返済したときには借方に記入する。

なお、従業員に対する立替金や預り金は、企業外部者に対するものと区別するために従業員立替金勘定・従業員預り金勘定を用いて処理することがある。また、従業員の給料から天引きし、後日企業が納付するために預かった所得税や社会保険料については、その内容を明らかにするためにそれぞれ所得税預り金勘定・社会保険料預り金勘定を用いて処理する。

例題13－4

次の一連の取引を仕訳しなさい。

⑴ 従業員が給料の前借を申し込んできたため、現金¥30,000を渡した。

⑵ 従業員に給料¥200,000を支給するに際し、前貸ししていた¥30,000および所得税¥10,000を差し引き、現金で支払った。

⑶ 預かっていた所得税¥10,000を税務署に現金で納付した。

解答

	借　方　科　目	金　　　　額	貸　方　科　目	金　　　　額
(1)	従 業 員 立 替 金 （　立　替　金　）	30,000	現　　　　　　金	30,000
(2)	給　　　　　　料	200,000	現　　　　　　金 従 業 員 立 替 金 （　立　替　金　） 所 得 税 預 り 金	160,000 30,000 10,000
(3)	所 得 税 預 り 金	10,000	現　　　　　　金	10,000

13.5　仮払金と仮受金

　金銭の支払いはあったものの、その内容や金額が未確定であることがある。例えば、従業員の出張にあたってその旅費を前もって概算で支払うような場合である。このようなとき、一時的に資産の勘定である仮払金勘定の借方に記入し、後日その内容や金額が確定したときに適切な勘定科目に振り替える。

　また、金銭の受け取りはあったものの、その内容や金額が未確定であることもある。このようなときは、一時的に負債の勘定である仮受金勘定の貸方に記入し、後日その内容や金額が確定したときに適切な勘定科目に振り替える。

例題13－5

　次の一連の取引を仕訳しなさい。

(1) 従業員の出張にあたって、旅費の概算額¥120,000を現金で渡した。

(2) 出張中の従業員から現金¥80,000の送金があったが、その内容は不明である。

(3) 従業員が出張から帰り、旅費の精算をしたところ、旅費の不足額¥15,000が生じていたため、現金で支払った。

(4) 内容不明であった¥80,000の送金は、売掛金の回収分であることが分かった。

解答

	借　方　科　目	金　　　　額	貸　方　科　目	金　　　　額
(1)	仮　　払　　金	120,000	現　　　　　　金	120,000
(2)	現　　　　　　金	80,000	仮　　受　　金	80,000
(3)	旅 費 交 通 費	135,000	仮　　払　　金 現　　　　　　金	120,000 15,000
(4)	仮　　受　　金	80,000	売　　掛　　金	80,000

— 106 —

13.6　受取商品券

　商品を売り上げた際の代金として、ギフトカードやビール券、商店街や自治体発行の商品券など
の自店以外の他者が発行した商品券を受け取ることがある。このような商品券を受け取った場合、
後日その発行者に換金請求を行うことによって代金を決済することができる。そのため、商品券を
受け取ったときは資産の勘定である受取商品券勘定の借方に記入し、後日決済を行ったときに受取
商品券勘定の貸方に記入する。

例題13－6
次の一連の取引を仕訳しなさい。
⑴ 商品¥50,000を売り渡し、代金のうち¥30,000は自治体発行の商品券で受け取り、残額は現金
　で受け取った。
⑵ 受け取った自治体発行の商品券¥30,000を引き渡して換金請求を行い、ただちに同額が当社
　の当座預金口座に振り込まれた。

解答

	借　方　科　目	金　　　　額	貸　方　科　目	金　　　　額
⑴	受　取　商　品　券 現　　　　　　　金	30,000 20,000	売　　　　　　上	50,000
⑵	当　座　預　金	30,000	受　取　商　品　券	30,000

13.7　差入保証金

　土地や建物といった不動産の賃借においては、契約時に敷金などの保証金を差し入れることがあ
る。この保証金は契約終了時に返還されるものであることから、保証金を差し入れたときに資産の
勘定である差入保証金勘定の借方に記入する。また、保証金の返還を受けたときには差入保証金勘
定の貸方に記入する。

例題13－7
次の一連の取引を仕訳しなさい。
⑴ 店舗の賃借にあたり、敷金¥360,000、不動産会社への手数料¥120,000、1ヵ月分の家賃
　¥120,000を小切手を振り出して支払った。
⑵ 店舗の賃借契約を解約するに伴って上記の敷金¥360,000の返還を受け、全額が当社の当座預
　金口座に振り込まれた。

解答

	借　方　科　目	金　　　　　額	貸　方　科　目	金　　　　　額
(1)	差　入　保　証　金	360,000	当　座　預　金	600,000
	支　払　手　数　料	120,000		
	支　払　家　賃	120,000		
(2)	当　座　預　金	360,000	差　入　保　証　金	360,000

第13章・練習問題

次の取引を仕訳しなさい。

(1) 期間120日、年利率5.5%で貸し付けていた¥730,000を満期日に利息とともに小切手で受け取った。

(2) 現金¥450,000を借り入れ、利息¥15,000を控除した残高を現金で受け取った。

(3) 営業用トラック（帳簿価額¥400,000）を¥360,000で売却し、代金は月末に受け取ることにした。

(4) 土地160㎡を1㎡あたり¥50,000で購入し、手数料¥300,000を含む代金は翌月末に払うことにした。

(5) 商品¥220,000を購入する約束をし、その内金として¥30,000を小切手を振り出して支払った。

(6) 商品¥180,000を売り渡し、代金は受け取っていた手付金¥50,000を差し引き、残額を掛とした。

(7) 従業員への給料¥300,000の支払いにあたり、立て替え払いしていた保険料¥10,000と所得税の源泉徴収分¥8,000を差し引き、残額を現金で支給した。

(8) 従業員の出張にあたって旅費の概算額¥100,000を渡していたが、従業員が出張から戻り、残額¥6,000を現金で受け取った。

(9) 取引先から当座預金口座に¥270,000の入金があったが、その内容は不明である。

(10) 商品¥60,000を売り渡し、代金のうち¥40,000は他店が発行した共通商品券で受け取り、残額は現金で受け取った。

(11) 事務所の賃借契約にあたり、敷金¥180,000と1ヵ月分の家賃¥90,000を現金で支払った。

解答

	借　方　科　目	金　　　　額	貸　方　科　目	金　　　　額
(1)				
(2)				
(3)				
(4)				
(5)				
(6)				
(7)				
(8)				
(9)				
(10)				
(11)				

第14章　手形の取引

本章では、商品代金の受払いに用いられる手形や電子記録による債権債務について学習する。商品代金の受払いの際に、掛け取引と同様に、手形（証券）に受払いに関する事項を記載することにより、後日に代金の受払いを行う権利や義務を明記し、信用を担保することができる。すなわち、商品代金を回収する手段として、手形が用いられる。

手形には、手形法により約束手形と為替手形の２種類がある。手形は、支払期日（満期日）以前に譲渡することもできるし、銀行に売却し換金することもできる。ただし、支払人が支払期日に所定の金額の支払いがなかった場合は、譲渡先に支払いの立替をする必要が生じる。この立替金額は、支払人に対して支払いの請求をすることになる。

14.1　約束手形の記帳

約束手形とは、手形の**振出人**（手形代金を支払う、手形に関する債務者）が、**受取人**（手形代金を受け取る、手形に関する債権者）に対して手形に記載した金額の**支払いを約束する証券**である。

すなわち、当店が仕入先に対して代金の延ばしの約束した手形を発行（これを振り出しという）した場合、仕入先は代金の受人となる。当店は、代金の支払人（債務者）であり手形の振出人となる。先方の仕入先は、代金の受取人（債権者）であり、手形に名前を記載された名あて人となる。

この場合、簿記では、手形を振り出した当店は、支払人であることから、**支払手形勘定**（負債）の貸方に記入する。一方、名あて人である手形の受取人は、**受取手形勘定**（資産）の借方に記入する。商品代金の受払いと関連させながら、これらの手形に関する経済事象を仕訳の形で示せば、下記のようになる。

(1)　商品を仕入れ、代金を約束手形で支払った場合

    （借　　方）　　　　　（貸　　方）

    仕　　入　×××　　支払手形　×××

(2)　商品を売上げ、代金を約束手形で受け取った場合

    （借　　方）　　　　　（貸　　方）

    受取手形　×××　　売　　上　×××

(3) 支払期日に支払いが完了した場合

（借　　方）　　　　　（貸　　方）

支払手形　×××　　当座預金　×××

(4) 支払期日に受け取りが完了した場合

（借　　方）　　　　　（貸　　方）

当座預金　×××　　受取手形　×××

例題14－1

次の一連の取引の仕訳をしなさい。

(1) 福岡商店は、佐賀商店から商品を仕入れた。代金¥300,000は、佐賀商店あての約束手形＃18を振り出した（下記の約束手形参照）。振出日　6月15日　満期日　8月30日
支払場所　N銀行天神支店

(2) 佐賀商店は、取り立てを依頼していた福岡商店振り出しの約束手形＃18が、期日に当座預金に入金したむねの通知を取引銀行から受けた。

解答

福岡商店の仕訳

	借方科目	金　　額	貸方科目	金　　額
(1)	仕　　　　入	300,000	支　払　手　形	300,000
(2)	支　払　手　形	300,000	当　座　預　金	300,000

佐賀商店の仕訳

	借方科目	金　　額	貸方科目	金　　額
(1)	受　取　手　形	300,000	売　　　　　　上	300,000
(2)	当　座　預　金	300,000	受　取　手　形	300,000

補節．1　為替手形の記帳

　為替手形とは、仕入先への商品代金の支払いを当店ではなく、他店に（当店の代わりに）**支払い**
を依頼する証券である。他店に支払いを依頼するためには、当店は他店に対しての代金を受け取る
権利である売掛金等の債権がなければならない。したがって為替手形を振り出すと他店に対する売
掛金が減少する。為替手形の処理では、振出人、名あて人、受取人の三者の関係を理解する必要が
ある。その関係を示すと次のとおりである。

○為替手形の<u>振出人</u>　　　　　　　　　　他店（名あて人）に対する売掛金の減少

○為替手形の<u>名あて人</u>（引受人・支払人）　当店（振出人）に対する買掛金の減少

　　　　　　　　　　　　　　　　　　　　　手形受取人に対する支払手形の増加

○為替手形の<u>受取人</u>　　　　　　　　　　手形名あて人に対する受取手形の増加

(1)　商品代金を為替手形で支払った場合の振出人の仕訳

　　（借　　方）　　　　　　（貸　　方）

　　仕　　入　　×××　　　売　掛　金　×××

(2)　商品代金を為替手形で受け取った場合の受取人の仕訳

　　（借　　方）　　　　　　（貸　　方）

　　受取手形　　×××　　　売　　上　　×××

(3)　他店の商品代金の支払いを為替手形により引き受けた場合の仕訳

　　（借　　方）　　　　　　（貸　　方）

　　買　掛　金　×××　　　支払手形　　×××

例題14－2

次の一連の取引の仕訳をしなさい。

(1)　6月15日　山口商店は、長崎商店に商品￥560,000を売り渡し、代金は掛けとした。

(2)　6月20日　山口商店は、佐賀商店から商品￥560,000を仕入れ、その代金の支払いのために、
　　　売掛金のある得意先長崎商店あてに為替手形♯7￥560,000を振り出し、長崎商店の引き受
　　　けを得て、佐賀商店に渡した。

解答

山口商店（為替手形振出人）の仕訳

	借方科目	金　額	貸方科目	金　額
(1)	売　掛　金	560,000	売　　　上	560,000
(2)	仕　　　入	560,000	売　掛　金	560,000

＊(2)　貸方科目は支払手形でないことに注意

長崎商店（名あて人・引受人・支払人）の仕訳

	借方科目	金　額	貸方科目	金　額
(1)	仕　　　入	560,000	買　掛　金	560,000
(2)	買　掛　金	560,000	支　払　手　形	560,000

＊(2)　山口商店へ買掛金を支払う代わりに佐賀商店への支払義務が生じたため、貸方科目は支払手形であることに注意

佐賀商店（受取人）の仕訳

	借方科目	金　額	貸方科目	金　額
(1)	仕訳なし			
(2)	受　取　手　形	560,000	売　　　上	560,000

＊(2)　山口商店から受け取るべく商品代金を長崎商店支払いの為替手形を受け取ったため、借方科目は受取手形であることに注意

補節. 2　手形の裏書きと割引

　約束手形や為替手形の所持人は、商品代金の支払いなどにあてるために、満期日前に手形債権（受取手形）を仕入れ先などに渡すことができる。この場合、所持人は手形の裏面に必要事項を記載して渡すことから**手形の裏書譲渡**という。

　また、約束手形や為替手形の所持人が、資金不足を補うために満期日前に所有の手形に裏書してその手形を取引銀行などに売却し換金することができる。これを**手形の割引**という。

　手形の割引を行うと、割引日から満期日までの期間（割引日数）に対応する割引料が手形額面金額から差し引かれる。この割引料は、**手形売却損勘定（費用）**で処理する。

(1)　手持ちの手形を商品代金にあてるため裏書譲渡した場合

　　（借　　方）　　　　　（貸　　方）

　　仕　　入　×××　　　受取手形　×××

(2)　手持ちの手形を裏書し取引銀行で割り引いた場合

　　（借　　方）　　　　　（貸　　方）

　　当座預金　×××　　　受取手形　×××

　　手形売却損　××

例題14－3

次の取引の仕訳をしなさい。

(1) 熊本商店は、宮崎商店に商品¥250,000を売り渡し、代金は、同店振出しの約束手形＃8
（振出日　7月1日　満期日8月20日　支払場所　Ｎ銀行　宮崎支店）で受け取った。

(2) 熊本商店は、鹿児島商店から商品¥300,000を仕入れ、代金は先に宮崎商店から受け取った
約束手形＃8を裏書譲渡し、残額は掛けとした。

解答

熊本商店の仕訳

	借方科目	金　額	貸方科目	金　額
(1)	受　取　手　形	250,000	売　　　　上	250,000
(2)	仕　　　　入	300,000	受　取　手　形	250,000
			買　　掛　　金	50,000

宮崎商店の仕訳

	借方科目	金　額	貸方科目	金　額
(1)	仕　　　　入	250,000	支　払　手　形	250,000
(2)	仕訳なし			

鹿児島商店の仕訳

	借方科目	金　額	貸方科目	金　額
(1)	仕訳なし			
(2)	受　取　手　形	250,000	売　　　　上	300,000
	売　　掛　　金	50,000		

例題14－4

次の取引の仕訳をしなさい。

(1) 沖縄商店は広島商店に商品¥450,000を売り渡し、代金のうち¥300,000は同店振り出し、岡
山商店あて（引き受け済み）の為替手形＃3で受け取り、残額は掛けとした。

　　振出日　12月15日　満期日　1月15日　　支払場所　Ｏ銀行　安芸支店

(2) 沖縄商店は、本日（12月17日）さきに広島商店から受け取った為替手形＃3¥300,000を取
引銀行で割り引き、割引料を差し引かれた手取金¥298,200は当座預金とした。

解答

沖縄商店の仕訳

	借方科目	金　額	貸方科目	金　額
(1)	受　取　手　形 売　　掛　　金	300,000 150,000	売　　　　　上	450,000
(2)	当　座　預　金 手　形　売　却　損	298,200 1,800	受　取　手　形	300,000

＊割引料の計算
　割引率　年7.3%　割引日数　12月17日から1月15日までの30日（両端入れ）
　300,000（手形額面金額）×7.3%（割引率）×30日（割引日数）÷365日＝¥1,800

14.2　受取手形記入帳と支払手形記入帳

　手形債権（受取手形）は、**帳簿記録と実物の手形を定期的に照合しながら管理する**。また、手形債務（支払手形）は、支払期日に資金不足（当座預金不足）にならないように注意する必要がある。そこで、手形に関する事項を詳細に記録するために、補助簿（補助記入帳）として**受取手形記入帳と支払手形記入帳**を用いる。両記入帳の形式は以下のとおりであるが、受取手形記入帳の支払人の欄と支払手形記入帳の受取人の欄の異なるのみで他の欄は同一である。てん末欄には、手形債権債務が消滅した日付と消滅の原因を記載する。

受 取 手 形 記 入 帳

20x1年	摘　要	金　額	手形 種類	手形 番号	支払人	振出人 または 裏書人	振出日		満期日		支払場所	てん末		
							月	日	月	日		月	日	摘要

支 払 手 形 記 入 帳

20x1年	摘　要	金　額	手形 種類	手形 番号	受取人	振出人 または 裏書人	振出日		満期日		支払場所	てん末		
							月	日	月	日		月	日	摘要

例題14－5

　次の石川商店の手形取引について、受取手形記入帳、支払手形記入帳に記入しなさい。

(1)　4月9日　石川商店は富山商店に商品¥300,000を売り渡し、代金は同店振り出し、石川商店あての約束手形＃10で受け取った。

　　　振出日　4月9日　　満期日　5月9日　　支払場所　T銀行金沢支店

受 取 手 形 記 入 帳

20x1年		摘要	金額	手形種類	手形番号	支払人	振出人または裏書人	振出日		満期日		支払場所	てん末		
								月	日	月	日		月	日	摘要
4	9	売り上げ	300,000	約手	10	富山商店	富山商店	4	9	5	9	T銀行金沢支店			

＊手形種類欄には約束手形は約手と略して記載

(2) 4月20日　新潟商店は金沢商店から、商品¥250,000を仕入れ、その代金の支払いのために、売掛金のある得意先石川商店あてに為替手形＃5¥250,000を振り出し、石川商店の引き受けを得て、金沢商店に渡した。

　　　　振出日　4月20日　　満期日　5月20日　支払場所　T銀行新潟支店

支 払 手 形 記 入 帳

20x1年		摘要	金額	手形種類	手形番号	支払人	振出人または裏書人	振出日		満期日		支払場所	てん末		
								月	日	月	日		月	日	摘要
4	20	買掛金支払い	250,000	為手	5	金沢商店	新潟商店	4	20	5	20	T銀行新潟支店			

＊手形種類欄には為替手形は為手と略して記載

(3) 5月20日　石川商店は、取り立てを依頼していた富山商店振り出しの約束手形＃10¥300,000が、期日に当座預金に入金したむねの通知を取引銀行から受けた。

受 取 手 形 記 入 帳

20x1年		摘要	金額	手形種類	手形番号	支払人	振出人または裏書人	振出日		満期日		支払場所	てん末		
								月	日	月	日		月	日	摘要
4	9	売り上げ	300,000	約手	10	富山商店	富山商店	4	9	5	9	T銀行金沢支店	5	20	入金

＊てん末欄に記載

(4) 5月20日　4月20日に引き受けた為替手形＃5の金額が、期日に石川商店の当座預金から支払われ、金沢商店の当座預金に入金したむねの通知が、取引銀行から各商店に対してあった。

支 払 手 形 記 入 帳

20x1年		摘要	金額	手形種類	手形番号	支払人	振出人または裏書人	振出日		満期日		支払場所	てん末		
								月	日	月	日		月	日	摘要
4	20	買掛金支払い	250,000	為手	5	金沢商店	新潟商店	4	20	5	20	T銀行新潟支店	5	20	支払い

＊てん末欄に記載

(5) 5月25日　石川商店は福井商店に商品￥400,000を売り渡し、代金は同店振り出し、岐阜商店あて（引き受け済み）の為替手形＃7で受け取った。

　　振出日　5月25日　満期日　6月25日　支払場所　Ｔ銀行福井支店

受 取 手 形 記 入 帳

20x1年		摘　要	金　額	手形種類	手形番号	支払人	振出人または裏書人	振出日		満期日		支払場所	てん末		
								月	日	月	日		月	日	摘要
4	9	売り上げ	300,000	約手	10	富山商店	富山商店	4	9	5	9	Ｔ銀行金沢支店	5	20	入金
5	25	売り上げ	400,000	為手	7	岐阜商店	福井商店	5	25	6	25	Ｔ銀行福井支店			

(6) 6月1日　石川商店は、5月25日に福井商店から受け取った為替手形＃7￥400,000を取引銀行で割り引き、割引料を差し引かれた手取金￥397,600は当座預金とした。

受 取 手 形 記 入 帳

20x1年		摘　要	金　額	手形種類	手形番号	支払人	振出人または裏書人	振出日		満期日		支払場所	てん末*		
								月	日	月	日		月	日	摘要
4	9	売り上げ	300,000	約手	10	富山商店	富山商店	4	9	5	9	Ｔ銀行金沢支店	5	20	入金
5	25	売り上げ	400,000	為手	7	岐阜商店	福井商店	5	25	6	25	Ｔ銀行福井支店	6	1	割引き

＊てん末欄に記入

　　裏書譲渡した場合は、てん末欄の摘要は裏書譲渡と記載

14.3　電子記録債権と電子記録債務

　電子記録債権および**電子記録債務**は債権者と債務者の双方が**電子債権記録機関への発生の登録を行い、インターネット上で紙の手形に代わる決済手段**である。債権者にとって部分的に裏書や割引ができることや債務者にとって手形に貼る印紙代が節約できるメリットがある。
　電子記録債権に関する取引として、(1)**発生**、(2)**譲渡**、(3)**消滅**がある。電子記録債務に関する取引として、(1)**発生**、(2)**消滅**がある。

○発生時の処理
兵庫商店の島根商店に対する売掛金×××、島根商店の兵庫商店に対する買掛金×××について電子記録債権（債務）の発生記録の請求行った。

(1) 兵庫商店（債権者）の仕訳

（借　　方）　　　　　　（貸　　方）

電子記録債権　×××　　売　掛　金　×××

(2) 島根商店（債務者）の仕訳

（借　　方）　　　　　　（貸　　方）

買　掛　金　×××　　電子記録債務　×××

○譲渡時の処理

兵庫商店は、譲渡記録により電子記録債権の一部×××を銀行に×××で譲渡し、代金は当座預金に振り込まれた。

(1) 兵庫商店（債権者）の仕訳

（借　　方）　　　　　　（貸　　方）

当　座　預　金　×××　　電子記録債権　×××

電子記録債権売却損　×

＊手形割引の処理と同じ考え方

(2) 島根商店（債務者）の仕訳

仕訳なし

兵庫商店は、電子記録債権の一部×××を仕入先に譲渡し、買掛金と相殺した。

(1) 兵庫商店（債権者）の仕訳

（借　　方）　　　　　　（貸　　方）

買　掛　金　×××　　電子記録債権　×××

(2) 島根商店（債務者）の仕訳

仕訳なし

＊手形裏書譲渡の処理と同じ考え方

○消滅時の処理

兵庫商店（債権者）、島根商店（債務者）ともに、電子記録債権債務を当座預金口座を通じて精算（残額をゼロに）した。

(1) 兵庫商店（債権者）の仕訳

（借　　方）　　　　　　（貸　　方）

当　座　預　金　×××　　電子記録債権　×××

＊精算金額は、発生金額から譲渡金額の控除額

(2) 島根商店（債務者）の仕訳

（借　　方）		（貸　　方）	
電子記録債務	×××	当座預金	×××

＊精算金額は、発生金額

例題14－6

次の一連の取引の仕訳をしなさい。

(1) 兵庫商店は島根商店に、商品を¥700,000で販売し代金は掛けとした。

(2) 島根商店は、兵庫商店に対する買掛金¥700,000の支払いを電子債権記録機関で行うため、取引銀行を通して債務の発生記録を行った。兵庫商店は取引銀行よりその通知を受けた。

(3) 兵庫商店は、京都商店に対する買掛金¥200,000の支払いを電子債権記録機関で行うため、取引銀行を通して電子記録債権の譲渡記録を行った。

(4) 兵庫商店は、電子記録債権のうち¥150,000を取引銀行に¥147,000で譲渡した代金は当座預金口座へ振り込まれた。

(5) 島根商店（債務者）の電子記録債務¥700,000の支払期日が到来し、同店の当座預金口座から引き落とされた。

また、兵庫商店（債権者）の当座預金口座に電子記録債権の残額¥350,000が振り込まれ、両商店の電子記録債権債務は消滅した。

解答

兵庫商店の仕訳

	借方科目	金　額	貸方科目	金　額
(1)	売　掛　金	700,000	売　　上	700,000
(2)	電子記録債権	700,000	売　掛　金	700,000
(3)	買　掛　金	200,000	電子記録債権	200,000
(4)	当　座　預　金 電子記録債権売却損	147,000 3,000	電子記録債権	150,000
(5)	当　座　預　金	350,000	電子記録債権	350,000

＊(5)　精算額¥350,000＝¥700,000（発生額）－¥200,000（譲渡額）－¥150,000（譲渡額）

島根商店の仕訳

	借方科目	金　額	貸方科目	金　額
(1)	仕　　　　入	700,000	買　掛　金	700,000
(2)	買　掛　金	700,000	電子記録債務	700,000
(3)	仕訳なし			
(4)	仕訳なし			
(5)	電子記録債務	700,000	当　座　預　金	700,000

14.4 手形貸付金と手形借入金

　金銭の貸し付けや借り入れは、通常、借用証書を使う。しかしながら、約束手形を使って、金銭の貸借を行うこともできる。

　既習した商品代金の決済に使う約束手形を商業手形という。金銭の貸借に使う約束手形を金融手形（融通手形）という。これらの使途を区別するために、約束手形を受け取って金銭を貸し付けた場合は、受取手形勘定ではなく、**手形貸付金**勘定（資産）で処理し、約束手形を振り出して、金銭を借り入れた場合、支払手形勘定ではなく、**手形借入金**勘定（負債）で処理する。

(1) 約束手形を受け取って現金を貸し付けた時

（借　　方）		（貸　　方）	
手形貸付金	×××	現　　　金	×××

(2) 約束手形を振り出して現金を借り入れた時

（借　　方）		（貸　　方）	
現　　　金	×××	手形借入金	×××

(3) 手形貸付金の返済と利息を同時に現金で受け取った時

（借　　方）		（貸　　方）	
現　　　金	×××	手形貸付金	×××
		受 取 利 息	×

(4) 手形借入金の返済と利息を同時に現金で支払った時

（借　　方）		（貸　　方）	
手形借入金	×××	現　　　金	×××
支 払 利 息	×		

例題14－7

次の取引の仕訳をしなさい。

(1) 愛媛商店は、高知商店に現金¥200,000を貸し付け、同店振り出しの約束手形¥200,000を受け取った。

(2) 高知商店は、愛媛商店からの手形借入金¥200,000の返済と利息¥7,500を同時に現金で支払った。

解答

愛媛商店の仕訳

	借方科目	金　額	貸方科目	金　額
(1)	手 形 貸 付 金	200,000	現　　　　金	200,000
(2)	現　　　　金	207,500	手 形 貸 付 金 受 　取 　利 　息	200,000 7,500

高知商店の仕訳

	借方科目	金　額	貸方科目	金　額
(1)	現　　　　金	200,000	手 形 借 入 金	200,000
(2)	手 形 借 入 金 支 　払 　利 　息	200,000 7,500	現　　　　金	207,500

第14章・練習問題

1　次の一連の取引の仕訳をしなさい。

(1)　佐賀商店は、福岡商店から商品を仕入れた。代金¥400,000は、福岡商店あての約束手形#18を振り出した。

(2)　福岡商店は、取り立てを依頼していた佐賀商店振り出しの約束手形＃18が、期日に当座預金に入金したむねの通知を取引銀行から受けた。

佐賀商店の仕訳

	借方科目	金　額	貸方科目	金　額
(1)				
(2)				

福岡商店の仕訳

	借方科目	金　額	貸方科目	金　額
(1)				
(2)				

2　次の一連の取引の仕訳をしなさい。

(1)　島根商店は兵庫商店に、商品を¥700,000で販売し代金は掛けとした。

(2)　兵庫商店は、島根商店に対する買掛金¥700,000の支払いを電子債権記録機関で行うため、取引銀行を通して債務の発生記録を行った。島根商店は取引銀行よりその通知を受けた。

(3)　島根商店は、京都商店に対する買掛金¥200,000の支払いを電子債権記録機関で行うため、取引銀行を通して電子記録債権の譲渡記録を行った。

(4)　島根商店は、電子記録債権のうち¥150,000を取引銀行に¥147,000で譲渡した代金は当座預金口座へ振り込まれた。

(5) 兵庫商店（債務者）の電子記録債務￥700,000の支払期日が到来し、同店の当座預金口座から引き落とされた。

また、島根商店（債権者）の当座預金口座に電子記録債権の残額￥350,000が振り込まれ、両商店の電子記録債権債務は消滅した。

島根商店の仕訳

	借方科目	金　額	貸方科目	金　額
(1)				
(2)				
(3)				
(4)				
(5)				

兵庫商店の仕訳

	借方科目	金　額	貸方科目	金　額
(1)				
(2)				
(3)	仕訳なし			
(4)	仕訳なし			
(5)				

3　次の取引の仕訳をしなさい。

(1) 高知商店は、愛媛商店に現金￥300,000を貸し付け、同店振り出しの約束手形￥300,000を受け取った。

(2) 愛媛商店は、高知商店からの手形借入金￥300,000の返済と利息￥8,000を同時に現金で支払った。

高知商店の仕訳

	借方科目	金　額	貸方科目	金　額
(1)				
(2)				

愛媛商店の仕訳

	借方科目	金　額	貸方科目	金　額
(1)				
(2)				

第15章　有形固定資産の処理

　固定資産は、1年以上にわたって使用することを目的として所有され、有形固定資産、無形固定資産、投資その他の資産に分類される。本章では、備品、車両運搬具、建物、土地といった物としての実体がある、一定額以上の資産である有形固定資産について学習する。

15.1　有形固定資産の取得

　企業が営業活動を行うためには、備品（机、いす、パソコンなど）、車両運搬具（営業用のトラック、乗用車、オートバイなど）、建物（事務所、店舗、倉庫など）、土地（事務所、店舗、倉庫用などの土地）などの有形固定資産が必要となる。

　有形固定資産を取得（購入）したときは、取得した資産の勘定（備品勘定、車両運搬具勘定、建物勘定、土地勘定など）の借方に取得原価で記入する。有形固定資産の取得原価は、購入対価に加えて、その資産を使用するまでにかかった仲介手数料、登記料、引取運賃、整地費用などの付随費用が含まれる。

有形固定資産の取得原価＝購入対価＋付随費用

例題15-1

次の取引を仕訳しなさい。

⑴　事務用のパソコンを購入し、その代金¥200,000と引取運賃¥3,000を現金で支払った。

⑵　営業用の乗用車を¥2,000,000で購入し、代金は小切手を振り出して支払った。

⑶　営業用の店舗を¥7,500,000で購入し、代金は仲介手数料¥200,000とともに小切手を振り出して支払った。

⑷　店舗用の土地400㎡を1㎡当たり¥20,000で購入し、小切手を振り出して支払った。なお、仲介手数料¥50,000、登記料¥20,000、整地費用¥500,000は現金で支払った。

解答

	借　方　科　目	金　　　　額	貸　方　科　目	金　　　　額
(1)	備　　　　　　品	203,000	現　　　　　　金	203,000
(2)	車　両　運　搬　具	2,000,000	当　座　預　金	2,000,000
(3)	建　　　　　　物	7,700,000	当　座　預　金	7,700,000
(4)	土　　　　　　地	8,570,000	当　座　預　金 現　　　　　　金	8,000,000 570,000

15.2　有形固定資産の減価償却

a．減価償却の意義

　備品、車両運搬具、建物などの有形固定資産は土地とは違って、使用または時の経過に伴い、その価値は減少（減価）していく。しかし、価値の減少額を正確に把握することは難しいので、一定の方法によって価値の減少額を計算する。決算では、当期中の価値の減少額を費用として計上し、同時に有形固定資産の帳簿価額を減少させることで、価値の減少に見合った有形固定資産の帳簿価額に修正する。この一連の手続きを減価償却といい、このとき計上される費用を減価償却費という。

b．減価償却費の計算方法

　有形固定資産の価値の減少額である減価償却費を計算する方法はいくつかあるが、ここでは定額法について学習する。定額法は毎期一定額（同額）の価値が減少するとみなして、減価償却費を計算する方法で、次の式により計算する。

$$減価償却費 = \frac{取得原価}{耐用年数}$$

　ここで、耐用年数は有形固定資産の想定される使用可能年数を示している。なお、上の式は1年間の減価償却費を計算する式であり、期中で有形固定資産を取得または売却したときは、1年間の減価償却費を月割計算する（1年間の減価償却費×期中の使用月数÷12ヵ月）。また、耐用年数の最終年度には備忘記録として帳簿価額を1円にすることとなっており、以下の式で計算する。

$$減価償却費 = 1年間の減価償却費 - 1$$

＜補節＞

　わが国の税法において、2007年4月1日以降に取得した固定資産の減価償却費の計算式は上記のとおりである。しかし、2007年3月31日以前に取得した固定資産の減価償却費の計算式として、下記の式が用いられてきた。ちなみに、残存価額は有形固定資産の耐用年数経過後における見積処分価額を示している。残存価額は、取得原価の10分の1が一般的であった。

$$減価償却費 = \frac{(取得原価 - 残存価額)}{耐用年数}$$

ｃ．減価償却の処理

　減価償却を処理する場合、減価償却費は費用なので減価償却費勘定の借方に記入するが、貸方の記入方法は直接法と間接法で異なる。直接法は有形固定資産勘定の貸方に記入し、直接的に有形固定資産の帳簿価額を減額する方法で、間接法は減価償却累計額勘定の貸方に記入し、間接的に有形固定資産の帳簿価額を減額する方法である。減価償却累計額は、当該有形固定資産のこれまでの減価償却費を累計した金額を示し、時の経過とともに減価償却費が加算されていく。

　つまり、直接法では有形固定資産の残高がそのまま有形固定資産の帳簿価額になるのに対して、間接法では取得原価から減価償却累計額を控除して有形固定資産の帳簿価額が求められる（有形固定資産の帳簿価額＝取得原価－減価償却累計額）。備品について減価償却を行ったときは、それぞれ次のような仕訳となる。

直　接　法	（借）減　価　償　却　費　×××　（貸）備　　　　　　品　×××
間　接　法	（借）減　価　償　却　費　×××　（貸）備品減価償却累計額　×××

直接法

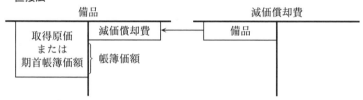

間接法

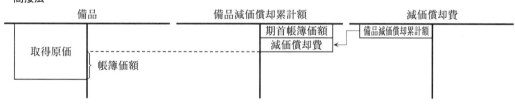

例題15－2

　次の取引について、(1) 直接法と (2) 間接法で仕訳をしなさい。なお、減価償却費の計算は定額法によることとし、残存価額はゼロとする。

(1)　X1年4月1日　備品（取得原価￥500,000、耐用年数5年）を現金で購入した。

(2)　X2年3月31日　決算にあたり、上記の備品について減価償却を行った。

(3)　X3年3月31日　決算にあたり、上記の備品について減価償却を行った。

(4)　X6年3月31日　決算にあたり、上記の備品について減価償却を行った。

(1)　直接法

	借方科目	金　額	貸方科目	金　額
(1)	備　　　　　品	500,000	現　　　　　金	500,000
(2)	減　価　償　却　費	100,000	備　　　　　品	100,000
(3)	減　価　償　却　費	100,000	備　　　　　品	100,000
(4)	減　価　償　却　費	99,999	備　　　　　品	99,999

減価償却費¥100,000＝$\dfrac{¥500,000-¥0}{5年}$（1年間の減価償却費）

　　(4)　耐用年数最終年度の減価償却費　¥99,999＝1年間の減価償却費¥100,000－¥1

(2)　間接法

	借方科目	金　額	貸方科目	金　額
(1)	備　　　　　品	500,000	現　　　　　金	500,000
(2)	減　価　償　却　費	100,000	備品減価償却累計額	100,000
(3)	減　価　償　却　費	100,000	備品減価償却累計額	100,000
(4)	減　価　償　却　費	99,999	備品減価償却累計額	99,999

15.3　有形固定資産の売却

　企業の事業計画の変更または長期間の使用により有形固定資産が不用になり、売却されることがある。売却時には帳簿価額よりも高く売れることもあれば、低くしか売れない場合もある。売却価額が帳簿価額より高い場合は、差額を固定資産売却益勘定（収益）の貸方に記入し、売却価額が帳簿価額より低い場合は差額を固定資産売却損勘定（費用）の借方に記入する。

　このとき、減価償却を直接法で記帳していれば、有形固定資産の残高が帳簿価額となるため、帳簿価額のみを減額することになる。一方、間接法で記帳している場合、有形固定資産の帳簿価額は取得原価と減価償却累計額で表されるため、両者を減額する必要がある。備品について減価償却を行ったときは、それぞれ次のような仕訳となる。

(1) 売却価額が帳簿価額より高い場合（代金は現金で受け取る）

直 接 法	(借) 現 金 ×××	(貸) 備 品 ××× 固 定 資 産 売 却 益 ×××
間 接 法	(借) 現 金 ××× 備品減価償却累計額 ×××	(貸) 備 品 ××× 固 定 資 産 売 却 益 ×××

『有形固定資産の売却（減価償却を間接法で記帳している場合）』

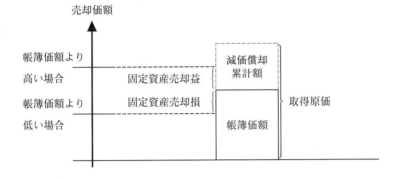

(2) 売却価額が帳簿価額より低い場合（代金は現金で受け取る）

直 接 法	(借) 現 金 ××× 固 定 資 産 売 却 損 ×××	(貸) 備 品 ×××
間 接 法	(借) 現 金 ××× 備品減価償却累計額 ××× 固 定 資 産 売 却 損 ×××	(貸) 備 品 ×××

例題15－3

次の取引について、(1) 直接法と (2) 間接法で仕訳をしなさい。なお、減価償却費の計算は定額法によることとし、残存価額はゼロとする。

(1) X1年4月1日　備品（取得原価¥300,000、耐用年数5年）を現金で購入した。

(2) X2年3月31日　決算にあたり、上記の備品について減価償却を行った。

(3) X3年3月31日　決算にあたり、上記の備品について減価償却を行った。

(4) X3年10月1日　上記の備品を¥200,000で売却し、代金は現金で受け取った。

(1) 直接法

	借方科目	金　額	貸方科目	金　額
(1)	備　　　　　品	300,000	現　　　　　金	300,000
(2)	減　価　償　却　費	60,000	備　　　　　品	60,000
(3)	減　価　償　却　費	60,000	備　　　　　品	60,000
(4)	減　価　償　却　費 現　　　　　金	30,000 200,000	備　　　　　品 固 定 資 産 売 却 益	180,000 50,000

＊(4)の減価償却費は4月1日から9月30日までの6ヵ月分の減価償却費を月割計算して計上する。

$$減価償却費 = \frac{¥300,000 - ¥0}{5年}（1年間の減価償却費）\times \frac{6ヵ月}{12ヵ月}$$

(2) 間接法

	借方科目	金　額	貸方科目	金　額
(1)	備　　　　　品	300,000	現　　　　　金	300,000
(2)	減　価　償　却　費	60,000	備品減価償却累計額	60,000
(3)	減　価　償　却　費	60,000	備品減価償却累計額	60,000
(4)	減　価　償　却　費 現　　　　　金 備品減価償却累計額	30,000 200,000 120,000	備　　　　　品 固 定 資 産 売 却 益	300,000 50,000

15. 4　固定資産台帳

　固定資産台帳は備品、建物などの各資産を種類別に管理するために利用される補助簿である。各資産について取得日、取得原価、帳簿価額などの明細を記録することで、決算では総額で示される帳簿価額、減価償却累計額、減価償却費などの情報を種類別に把握することができる。固定資産台帳の様式は特に決まっておらず、一覧表形式では次のような項目が設定されている。

固定資産台帳

種類	名称	取得年月日	数量	耐用年数	減価償却方法	取得原価	減価償却費	減価償却累計額	帳簿価額
備品	□□□	○年4月1日	10	5年	定額法	300,000	60,000	120,000	180,000
備品	×××	○年4月1日	5	8年	定額法	200,000	25,000	50,000	150,000

第15章・練習問題

　次の取引を仕訳しなさい。

(1)　営業用のトラック1台を¥1,400,000で購入し、代金は仲介手数料¥70,000とともに後日支払うこととした。

(2) 決算にあたり、当期首に取得した建物（取得原価¥4,000,000、耐用年数25年、残存価額はゼロ）について減価償却を行った。なお、減価償却費の計算は定額法で、減価償却費の記帳は間接法によることとする。

(3) 決算（3月31日）にあたり、備品（取得原価¥500,000、耐用年数10年、残存価額はゼロ）について定額法で減価償却を行い、間接法により記帳した。ただし、備品のうち¥200,000は当期首（4月1日）に取得し、¥300,000は今年度12月1日に取得したもので、どちらも同じ条件で減価償却をするが、12月1日に取得した備品については月割計算する。

(4) 備品（取得原価¥300,000、減価償却累計額¥200,000）を¥90,000で売却し、代金は後日受け取ることとした。

	借方科目	金　額	貸方科目	金　額
(1)				
(2)				
(3)				
(4)				

第16章　税金の処理

　税金は国民の3大義務の1つとして納税の義務が挙げられるように、社会を支える重要な役割を果たしている。これは会社とて例外ではなく、さまざまな事業プロセスにおいて税金が課されている。本章では、主に会社に対して課される税金について学習していく。

16. 1　固定資産税と印紙税

　税金の種類は実に多岐におよび、会社は国や地方公共団体からさまざまな税金が課されている。国に納める税金を国税といい、法人税、相続税、贈与税、消費税、印紙税などがある。一方、地方公共団体に納める税金を地方税といい、住民税、事業税、固定資産税、ゴルフ場利用税、入湯税などがある。
　また、これらの税金は徴収方法によっても直接税と間接税に分けられる。直接税とは、納税義務のある者が実際に税金を支払う税金であり、逆に間接税とは納税義務のある者と実際に税金を支払う者が一致しない税金である。

	直接税	間接税
国税	法人税、相続税、贈与税　など	消費税、印紙税　など
地方税	住民税、事業税、固定資産税　など	ゴルフ場利用税、入湯税　など

　まずは、日頃の企業活動で登場する固定資産税と印紙税について取り上げる。固定資産税は、毎年1月1日時点で所有している土地、建物などの固定資産に対して課される税金であり、4月、7月、12月、翌年2月の4期に分けて所有者が納付することになっている。印紙税は、さまざまな契約書や領収書などを作成したり、手形を振り出すときなどに課せられる税金である。
　固定資産税と印紙税はともに費用として計上することが認められており、固定資産税は納付したときに、印紙税は収入印紙を購入したときに租税公課勘定（費用）または当該勘定（固定資産税勘定または印紙税勘定）の借方に記入する。なお、期末において収入印紙の未使用分があった場合、貯蔵品勘定（資産）に振り替える。

固定資産税を現金で納付	（借）租　税　公　課　××× （または固定資産税）	（貸）現　　　　　金　×××	
収入印紙を現金で購入	（借）租　税　公　課　××× （または印紙税）	（貸）現　　　　　金　×××	
収入印紙の未使用分の振替	（借）貯　蔵　品　×××	（貸）租　税　公　課　××× （または印紙税）	

例題16－1

次の取引を仕訳しなさい。

(1) 固定資産税の第1期分として、¥50,000を現金で支払った。

(2) 郵便局で、収入印紙¥30,000と郵便切手¥5,000を現金で購入した。

(3) 期末において未使用分の収入印紙¥10,000を貯蔵品勘定に振り替えた。

(4) 期首において未使用の収入印紙¥10,000を適切な費用勘定に振り替えた。

解答

	借　方　科　目	金　　　額	貸　方　科　目	金　　　額
(1)	租　税　公　課 （または固定資産税）	50,000	現　　　　　金	50,000
(2)	租　税　公　課 （または印紙税） 通　信　費	30,000 5,000	現　　　　　金	35,000
(3)	貯　蔵　品	10,000	租　税　公　課	10,000
(4)	租　税　公　課	10,000	貯　蔵　品	10,000

16. 2　法人税・住民税・事業税

　法人税、住民税および事業税は法人3税とも呼ばれ、会社の所得（利益）に対して課される代表的な税金で、納付額も多額である。

　法人税は会社の所得に対して国が課す税金である。決算日の翌日から2ヵ月以内に法人税を確定申告して納付しなければならない。会計期間が1年の会社は、会計期間開始から6ヵ月経過後、2ヵ月以内に中間申告をする。中間申告では前年度の法人税額の2分の1に相当する金額、もしくは中間決算を行って算出した半年分の法人税額のいずれかを納付しなければならない。

　住民税は都道府県民税と市町村民税をあわせたものをいい、地方公共団体がその地域の住民および会社に対して課す税金である。会社の場合、法人税額に対して所定の税率を掛けて算出する法人税割りと、所得に関係なく資本金などの金額や従業員数によって決められる均等割りの合計額となる。申告と納付の方法は法人税と同じである。

事業税は、都道府県が事業活動を行っている個人および会社の所得などに対して課す税金である。事業税の申告と納付も法人税に準じて行われる。

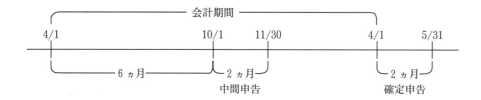

法人税、住民税および事業税は、会社の所得に対して課される税金であり、申告や納付の方法も同じであるため、これら３つの税金はまとめて法人税等勘定（または法人税、住民税及び事業税勘定）で処理される。

中間申告で納付したときは、仮払法人税等勘定の借方に納付額を記入する。決算のときは、同額を仮払法人税等勘定の貸方に記入し、新たに確定した当期法人税等の額を法人税等勘定の借方に記入するとともに、中間納付額との差額を未払法人税等勘定の貸方に記入する。そして、確定申告で中間納付額を差し引いた残額を納付したときは、未払法人税等勘定の借方に記入する。

中間申告のとき現金で納付	（借）仮 払 法 人 税 等 ×××	（貸）現 金 ×××
決 算 の と き	（借）法 人 税 等 ×××	（貸）仮 払 法 人 税 等 ××× 未 払 法 人 税 等 ×××
確定申告のとき現金で納付	（借）未 払 法 人 税 等 ×××	（貸）現 金 ×××

例題16－2

次の取引を仕訳しなさい。

(1) 法人税等の中間申告を行い、前年度の法人税等の２分の１に相当する¥550,000を現金で納付した。

(2) 決算を行ったところ、法人税等の合計額が¥950,000と確定した。

(3) 確定申告を行って、上記の法人税等のうち中間納付額を除く残額を現金で納付した。

解答

	借 方 科 目	金 額	貸 方 科 目	金 額
(1)	仮 払 法 人 税 等	550,000	現 金	550,000
(2)	法 人 税 等	950,000	仮 払 法 人 税 等 未 払 法 人 税 等	550,000 400,000
(3)	未 払 法 人 税 等	400,000	現 金	400,000

16.3　消費税

　消費税は、商品の販売やサービスの提供時に、その取引金額に対して一定の税率を掛けた額が徴収され，国に納付される税金である。製造業者から卸売業者、小売業者、消費者へと段階的に行われる取引においてその都度課税されていくが、消費税の負担は次の取引相手に繰り越されていく。最終的には消費者が消費税の全額を負担することになり、納税義務のある会社は、販売時に受け取った消費税と、仕入時に支払った消費税の差額を納付することになる。

　したがって、消費税を処理するときには仕入相手に支払う消費税を仮に支払っておく処理と、販売相手から受け取った消費税を仮に受け取っておく処理が必要となる。消費税の記帳には税抜方式と税込方式の2つがあるが、ここでは消費税額を仕入金額および売上金額と区別して処理する税抜方式について学習する。

　税抜方式では、商品を仕入れたときは仮払消費税勘定（資産）の借方に消費税額を記入し、商品を販売したときは仮受消費税勘定（負債）の貸方に記入する。この仮受消費税勘定から仮払消費税勘定を差し引いた残額が消費税の納付額となる。決算のときは、仮払消費税勘定と仮受消費税勘定とを相殺して残高をゼロとし、差額を未払消費税勘定の貸方に記入する。そして消費税を納付したときに未払消費税勘定の借方に記入する。

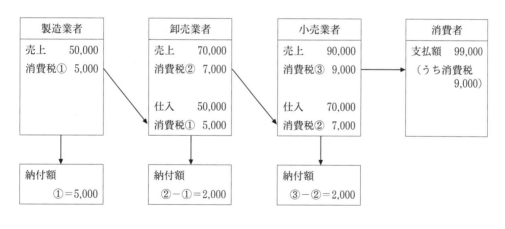

商品を現金で仕入れたとき	(借)仕　　　　　　入　　××× 　　　仮　払　消　費　税　　×××	(貸)現　　　　　　金　　×××
商品を現金で販売したとき	(借)現　　　　　　金　　×××	(貸)売　　　　　　上　　××× 　　　仮　受　消　費　税　　×××
決算のとき	(借)仮　受　消　費　税　　×××	(貸)仮　払　消　費　税　　××× 　　　未　払　消　費　税　　×××
消費税を現金で納付	(借)未　払　消　費　税　　×××	(貸)現　　　　　　金　　×××

— 133 —

例題16－3

次の取引を仕訳しなさい。なお、商品売買の記帳は3分法、消費税率は10%、消費税の処理は税抜処理によることとする。

(1) 商品¥110,000（うち消費税¥10,000）を仕入れ、代金は現金で支払った。
(2) 商品¥165,000（うち消費税¥15,000）を販売し、代金は現金で受け取った。
(3) 決算にあたり、上記の2つの取引について消費税の納付額を計上した。
(4) 確定申告を行い、決算で計上した消費税を納付した。

解答

	借　方　科　目	金　　　　額	貸　方　科　目	金　　　　額
(1)	仕　　　　　　入 仮　払　消　費　税	100,000 10,000	現　　　　　　金	110,000
(2)	現　　　　　　金	165,000	売　　　　　　上 仮　受　消　費　税	150,000 15,000
(3)	仮　受　消　費　税	15,000	仮　払　消　費　税 未　払　消　費　税	10,000 5,000
(4)	未　払　消　費　税	5,000	現　　　　　　金	5,000

第16章・練習問題

次の取引を仕訳しなさい。

(1) 収入印紙¥14,000を購入し、代金は現金で支払った。
(2) 期末において、未使用の収入印紙が¥6,000あった。
(3) 決算にあたり、法人税等が¥400,000と確定した。なお、このうち¥170,000はすでに中間納付している。
(4) 決算にあたり、消費税の納付額を税抜方式により計上した。なお、対象となる取引において消費税の仮払分は¥87,000であり、仮受分は¥135,000である。

	借　方　科　目	金　　　　額	貸　方　科　目	金　　　　額
(1)				
(2)				
(3)				
(4)				

第17章　個人企業の資本

　企業は、さまざまな利害関係者から資金を調達し、それらを運用して経営活動を行い、適正な収益の獲得をめざす。このような収益獲得をめざす経営活動において、原資ないし元手としての役割を果たすのが「資本金（capital stock or shareholders'equity）」である。これらの資本金は、貸借対照表の貸方において表示される。本章では、個人企業の資本の記帳について学んでいきたい。

17. 1　資本の元入れ

　企業では、企業の健全な経営と適正な収益の獲得をめざし、さまざまな経済財が用いられている。本章では、まずもってこのような経済財に焦点を絞っていきたい。これらの経済財には、例えば机や椅子のような備品、商品、そして土地などが含められる。これらのすべての経済財は、下記に示すような2つの性質を、必ず内包している。

　ここでは、「椅子」という経済財を例にとり、考えてみよう。椅子は、「人が座る」という役割を果たす経済財である。それとともに、この役割を果たすことにより、企業の経営活動に寄与し、収益を獲得することにも寄与していく。すなわち、「椅子」という経済財は、①人が座るという役割を果たす性質＜使用価値的側面＞と、②企業の経営活動と収益獲得に寄与するという性質＜価値的側面＞、という2つの性質を内包している。

　個人企業の開業に際し、これら2つの性質を有する経済財（企業主が所有する）が企業に流入した場合には、企業会計では、経済財のこれら2つの性質に着目して、例題18－1のような記録が作成される。この例題は、今、¥20,000の価値をもつ現金と¥50,000の価値をもつ机や椅子などの備品をもって、個人企業を開業する、というものである。この取引は、「資本の元入れ」と呼ばれる。

例題17－1
　店主が、現金¥10,000と机や椅子などの備品¥40,000を元入れして、開業した。

解答

借方科目	金　額	貸方科目	金　額
現　　　　金	10,000	資　本　金	50,000
備　　　　品	40,000		

この企業では、（企業主が所有する）現金と備品という2つの経済財が流入して開業している。企業会計では、経済財の2つの側面に着目しつつ、借方（左側）の2つの勘定科目と金額の記録＜①の性質の表示＞と、貸方（右側）の勘定科目と金額の記録＜②の性質の表示＞が作成される。

17.2 資本の引き出しと引出金勘定

個人企業において、資本金が引き出されるときには、この記録とは逆の記録がなされていく。例題18－2は、今、この企業の店主が、私用で¥10,000の価値をもつ商品を使用したというものである。この取引は、「資本の引き出し」と呼ばれる。

例題17－2

企業の店主が、私用で¥20,000の価値をもつ商品を使用した。

解答

借方科目	金　額	貸方科目	金　額
資　本　金	20,000	仕　　　　入	20,000

個人企業において、資本の引き出しが頻繁に行われる際には、資本金勘定のかわりに、「引出金勘定」を用いて処理をしていく。引出金勘定は、会計期間の期中にのみあらわれる勘定であり、期末には、資本金勘定に振り替えられる。これらの一連の仕訳の例題を、下記に示しておきたい。

例題17－3

次の一連の取引の仕訳をしなさい。

(1) 現金¥30,000と備品¥50,000と商品¥20,000を元入れして、個人企業を開業した。
(2) 店主が、現金¥10,000を私用で使用した。
(3) 店主が、商品¥10,000を私用で使用した。
(4) 決算に際し、引出金勘定の残高¥20,000を、資本金勘定に振り替えた。

解答

	借方科目	金　額	貸方科目	金　額
(1)	現　　　　金	30,000	資　本　金	100,000
	備　　　　品	50,000		
	仕　　　　入	20,000		
(2)	引　出　金	10,000	現　　　　金	10,000
(3)	引　出　金	10,000	仕　　　　入	10,000
(4)	資　本　金	20,000	引　出　金	20,000

第17章・練習問題

次の連続した取引の仕訳を示しなさい。ただし、商品勘定は3分法によること。

4月1日　現金¥200,000を、追加元入れした。

　　4日　店主が店の小切手¥20,000を振り出し、私用にあてた。

　　15日　店主の当月分の家計費として、現金¥30,000を引き出した。

　　26日　店主が、原価¥5,000の商品を、私用にあてた。

　　31日　決算にあたり、引出金勘定の残高を、資本金勘定に振り替えた。

	借方科目	金　額	貸方科目	金　額
4 / 1				
4				
15				
26				
31				

第18章　株式会社の資本

　本章では、株式会社の資本（純資産）を構成する株主資本について学習する。株式会社の設立時における資本金の計算方法および記帳と増資における資本金の計算方法および記帳を学習する。さらに当期純利益が剰余金として計上されるため、その剰余金の処理方法を学習する。剰余金の処分として株主に配当したときには会社法の規定により準備金が積み立てられるため、その計算方法および記帳について学習する。

18. 1　株式会社の設立・増資と資本

　株式会社を設立するため、発起人が定款を作成しなければならない。この定款には、会社の目的、商号、本店の所在地、設立に際して出資される財産の価額又はその最低額、発行可能株式総数などを記載しなければならない。そして、会社を設立する場合の発行可能株式総数は、公開会社の場合、4分の1以上の株式を発行することになっている。残りは、この発行可能株式総数の範囲内であれば、取締役会の決議により株式を発行することができる。

　株式会社を設立するときは、株式を発行して出資者から資金を調達する。そのときの株式を発行した払込金額は、資本金勘定で処理する（会社法445条第1項）。

例題18－1

　東京株式会社は、会社の設立にあたり、株式20株を1株につき¥50,000で発行し、全株式の払い込みを受け、払込金額は当座預金とした。

　　資本金にする金額　20株　×　¥50,000　＝　1,000,000

借　方　科　目	金　　　　　額	貸　方　科　目	金　　　　　額
当　座　預　金	1,000,000	資　　本　　金	1,000,000

　株式会社を設立後、企業規模を拡大するなどで新たに株式を発行して資本金を増やすことができる。これを増資という。設立時と同じく、株式を発行したときの払込金額は、資本金勘定で処理する（会社法445条第1項）。

例題18－2

　東京株式会社は、事業を拡大するため、あらたに、株式20株を１株につき¥50,000で発行し、全株式の払い込みを受け、払込金額は当座預金とした。

　　資本金にする金額　20株　×　¥50,000　＝　1,000,000

借　方　科　目	金　　　　額	貸　方　科　目	金　　　　額
当　座　預　金	1,000,000	資　　本　　金	1,000,000

　また、払込金額の２分の１を超えない額については、資本金としないことを認め、資本金にしない金額を資本準備金とすることを規定している（会社法445条第２項、第３項）。日本商工会議所主催簿記検定３級では、出題範囲外であるが補足することとする。

例題18－3

　東京株式会社は、会社の設立にあたり、株式20株を１株につき¥50,000で発行し、全株式の払い込みを受け、払込金額は当座預金とした。なお、資本金には、会社法が定める最低額を組み入れることにする。

　　資本金に組み入れる金額　20株　×　¥50,000　×　1/2　＝　500,000

借　方　科　目	金　　　　額	貸　方　科　目	金　　　　額
当　座　預　金	1,000,000	資　　本　　金	500,000
		資　本　準　備　金	500,000

18．2　純損益の計上

　株式会社では、株主総会が行われる。その株主総会で計算書類の承認や剰余金の処分および配当などが決議されることになっている。そこで株式会社では、決算において当期純利益（純損失）が計算されると、当期純利益（純損失）を損益勘定において計算され、繰越利益剰余金勘定に振り替える。繰越利益剰余金は、利益剰余金の一部で株主に対する配当の原資になるもので、貸借対照表の資本（純資産）の部を構成するものである。

例題18－4の勘定連絡図を示すと次のとおりとなる。

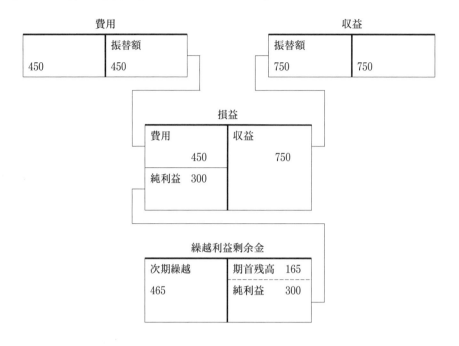

例題18－4

令和○年 3 月31日、三重株式会社は、第 2 期の決算において当期純利益¥300を計上した。

	借 方 科 目	金 額	貸 方 科 目	金 額
3 /31	損 益	300	繰 越 利 益 剰 余 金	300

例題18－5

令和○年 3 月31日、三重株式会社は、第 2 期の決算において当期純損失¥200を計上した。

	借 方 科 目	金 額	貸 方 科 目	金 額
3 /31	繰 越 利 益 剰 余 金	200	損 益	200

18. 3　配当金の計上

　株主総会で利益処分が承認されると株主に対して配当金が計上される。配当金に対しては、10分の 1 を乗じて得た額を資本準備金または利益準備金として計上しなければならない（会社法第445条第 4 項）。なお、資本金の 4 分の 1 に達するまで積み立てることになっている（会社計算規則第22条第 1 項）。資本準備金または利益準備金に積み立てられる理由は、企業経営への準備のための資金留保によって財政基盤を強化することや配当金として流出される財産に対して財産を保全するためである。

例題18-6

株主配当金¥3,000,000、利益準備金¥300,000を株主総会において承認された。

借 方 科 目	金　　　　額	貸 方 科 目	金　　　　額
繰 越 利 益 剰 余 金	3,300,000	未 払 配 当 金	3,000,000
		利 益 準 備 金	300,000

例題18-7

例　株主配当金¥3,000,000を当座預金から支払った。

借 方 科 目	金　　　　額	貸 方 科 目	金　　　　額
未 払 配 当 金	3,000,000	当 座 預 金	3,000,000

要点整理①　資本（純資産）の構成

　貸借対照表における資本（純資産）は、資産から負債を控除した差額をいう。この資本（純資産）は、株主資本と株主資本以外（評価・換算差額等、新株予約権）で構成されている。株主資本は、株主からの出資額のうち資本金と資本金に計上されなかった資本剰余金、そして、利益剰余金から構成される。資本剰余金は、会社法の規定に基づいて計上された資本準備金とその他の資本剰余金がある。利益剰余金は、会社法の規定に基づいて計上された利益準備金とその他の利益剰余金に分けられる。さらに、その他の利益剰余金は、任意積立金と繰越利益剰余金がある。

資本（純資産）の部の区分表示			
株主資本	資本金		
	資本剰余金	資本準備金	
		その他の資本剰余金	
	利益剰余金	利益準備金	
		その他利益準備金	任意積立金
			繰越利益剰余金

要点整理②　ワンポイント

資本金

　資本金は、設立または株式の発行に際して株主となる者が当該株式会社に対して払込みまたは給付をした財産の額とする（会社法第445条第1項）。また、払込みまたは給付に係る額の2分の1を超えない額は、資本金として計上しないことができる（会社法第445条第2項）。資本金として計上しないこととした額は、資本準備金として計上しなければならない（会社法第445条第3項）。

資本剰余金

　資本剰余金は、資本準備金とその他の資本剰余金に構成されている。資本準備金は、資本金に計上しなかった部分で、会社法および会社計算規則によって資本準備金として計上しなければならないものである。また、その他資本剰余金を原資として配当する場合、10分の1を乗じて得た額をその他資本剰余金から資本準備金として計上しなければならない。なお、資本金の4分の1に達するまで積み立てることになっている。（会社法第445条第4項）、（会社計算規則第22条第1項）、（会社計算規則第22条第2項）、（会社法第446条第6号）および（会社計算規則第23条第1項）を参照すること。その他の資本剰余金は、資本金に計上されなかった資本剰余金のうち、資本準備金以外のもので会社法や会社計算規則によってその他資本剰余金として計上するものである。

利益剰余金

　利益剰余金は、株主資本から資本金と資本剰余金を控除したもので、利益準備金とその他の利益剰余金に分けられ、その他の利益剰余金は、任意積立金と繰越利益剰余金がある。

① 利益準備金

　利益準備金は、資本準備金と同じく、その他利益剰余金を原資として配当する場合、10分の1を乗じて得た額をその他利益剰余金から利益準備金として計上しなければならない。なお、資本金の4分の1に達するまで積み立てることになっている。（会社法第445条第4項）、（会社計算規則第22条第1項）、（会社計算規則第22条第2項）、（会社法第446条第6号）および（会社計算規則第23条第2項）を参照すること。

② 任意積立金

　剰余金の処分として株主総会の決議により、任意積立金に積み立てることができる（会社法第452条）。株式会社の取締役会の決議により承認された任意積立金は、特定の目的で積み立てられる事業拡張のための新築積立金や業績の有無にかかわらず一定額を配当するための配当平均積立金、特定の目的で積み立てない別途積立金がある。

③ 繰越利益剰余金

　株主総会で剰余金の処分が行われるまで当期の損益は、繰越利益剰余金へ振り替えられる。前期の残高が繰越利益剰余金に計上されるため、当期の損益を繰越利益剰余金に振り替えた場合、合算される。そして、株主総会の決議により、繰越利益剰余金の処分が行われる。

第Ⅲ部

決　　算

第19章　試算表の作成

　試算表については、すでに第6章で学習した。そこで、本章では第9章から学習した取引を含めた試算表を作成してみよう。

19. 1　取引から試算表の作成

　佐賀商店の(1)20x8年3月1日の合計試算表、および(2)同店の20x8年3月中の取引に基づき、20x8年3月31日の合計残高試算表を作成する。

(1)

合　計　試　算　表

20x8年3月1日

借方	勘定科目	貸方
793,000	現　　　　　　金	675,000
1,800,000	当　座　預　金	1,575,000
318,500	普　通　預　金	85,000
520,000	受　取　手　形	325,000
663,000	売　　掛　　金	380,000
93,000	繰　越　商　品	
35,000	前　　払　　金	26,000
102,000	未　収　入　金	
800,000	備　　　　　品	180,000
440,000	支　払　手　形	632,000
479,000	買　　掛　　金	773,000
150,000	借　　入　　金	300,000
115,000	未　　払　　金	265,000
23,000	前　　受　　金	29,000
	貸　倒　引　当　金	14,000
45,000	備品減価償却累計額	200,000
	資　　本　　金	500,000
	繰　越　利　益　剰　余　金	162,000
60,000	売　　　　　上	1,536,000
	受　取　手　数　料	43,500
828,000	仕　　　　　入	23,000
352,500	給　　　　　料	
7,500	減　価　償　却　費	
38,500	支　払　家　賃	
27,500	水　道　光　熱　費	
8,000	支　払　利　息	
25,000	固　定　資　産　売　却　損	
7,723,500		7,723,500

(2) 20x8年3月中の取引

3月1日 　商品¥340,000を仕入れ、代金のうち¥164,000は小切手を振り出し、残高は掛けとした。

　4日 　備品¥120,000を購入し、代金は翌月に支払うことにした。

　5日 　商品を¥485,000で売り渡し、代金のうち¥300,000は現金で受け取り、残額は掛けとした。

　6日 　商品¥81,000を注文し、その内金として¥8,000を現金で支払った。

　7日 　得意先振出し、当店受取りの約束手形¥156,000が満期となったので、当座預金に入金された旨、取引銀行から通知を受けた。

　8日 　商品¥274,000を仕入れ、代金のうち¥5,000は先に支払っていた内金と相殺し、¥100,000は、小切手を振り出して支払い、残額は、掛けとした。

　11日 　得意先の売掛金¥285,000について、小切手で受け取りただちに当座預金に預け入れた。

　13日 　商品を¥231,000で売り渡し、代金のうち¥6,000は先に受け取っていた内金と相殺し、残額は掛けとした。

　14日 　当店が振り出していた約束手形¥135,000が満期日になったので、当座預金から支払われた旨、取引銀行から通知を受けた。

　15日 　商品の注文を受け、内金として¥10,000を現金で受け取った。

　18日 　前月の備品購入にかかわる未払代金¥150,000を、小切手を振り出して支払った。

　20日 　商品¥189,000を仕入れ、代金は約束手形を振り出して支払った。

　22日 　商品を¥368,000で売り渡し、代金は、得意先商店振り出しの約束手形¥168,000で受け取り、残額は同店振出しの小切手で受け取った。

　25日 　現金¥500,000につき当座預金に¥400,000を、普通預金に¥100,000を預け入れた。

　26日 　今月分の給料¥32,000を当座預金口座から従業員の口座に振り替えた。なお同日、借入金の利息¥500を小切手を振り出して支払った。

　26日 　今月分の家賃¥3,500および電気水道代¥2,500が普通預金口座から引き落としされた。

　27日 　買掛金¥294,000を、小切手を振り出して支払った。

　29日 　前月の備品売却にかかわる未収代金のうち¥72,000を小切手で受け取り、ただちに当座預金に預け入れた。

仕訳

	借 方 科 目	金 額	貸 方 科 目	金 額
3/1	仕 入	340,000	当 座 預 金 買 掛 金	164,000 176,000
3/4	備 品	120,000	未 払 金	120,000
3/5	現 金 売 掛 金	300,000 185,000	売 上	485,000
3/6	前 払 金	8,000	現 金	8,000
3/7	当 座 預 金	156,000	受 取 手 形	156,000
3/8	仕 入	274,000	前 払 金 当 座 預 金 買 掛 金	5,000 100,000 169,000
3/11	当 座 預 金	285,000	売 掛 金	285,000
3/13	前 受 金 売 掛 金	6,000 225,000	売 上	231,000
3/14	支 払 手 形	135,000	当 座 預 金	135,000
3/15	現 金	10,000	前 受 金	10,000
3/18	未 払 金	150,000	当 座 預 金	150,000
3/20	仕 入	189,000	支 払 手 形	189,000
3/22	受 取 手 形 現 金	168,000 200,000	売 上	368,000
3/25	当 座 預 金 普 通 預 金	400,000 100,000	現 金	500,000
3/26	給 料 支 払 利 息	32,000 500	当 座 預 金	32,500
〃	支 払 家 賃 水 道 光 熱 費	3,500 2,500	普 通 預 金	6,000
3/27	買 掛 金	294,000	当 座 預 金	294,000
3/29	当 座 預 金	72,000	未 収 入 金	72,000

勘定記入

現　金

借方			貸方		
		793,000			675,000
3/5	売　　上	300,000	3/6	前 払 金	8,000
15	前 受 金	10,000	25	諸　　口	500,000
22	売　　上	200,000			

当 座 預 金

借方			貸方		
		1,800,000			1,575,000
3/7	受取手形	156,000	3/1	仕　入	164,000
11	売 掛 金	285,000	8	仕　入	100,000
25	現　　金	400,000	14	支払手形	135,000
29	未収入金	72,000	18	未 払 金	150,000
			26	諸　　口	32,500
			27	買 掛 金	294,000

普 通 預 金

借方			貸方		
		318,500			85,000
3/25	現　　金	100,000	3/26	諸　口	6,000

受 取 手 形

借方			貸方		
		520,000			325,000
3/22	売　　上	168,000	3/7	当座預金	156,000

売 掛 金

借方			貸方		
		663,000			380,000
3/5	売　　上	185,000	3/11	当座預金	285,000
13	売　　上	225,000			

繰 越 商 品

借方	
	93,000

前 払 金

借方			貸方		
		35,000			26,000
3/6	現　　金	8,000	3/8	仕　入	5,000

未 収 入 金

借方		貸方		
	102,000	3/29	当座預金	72,000

備　品

借方			貸方	
		800,000		180,000
3/4	未 払 金	120,000		

支 払 手 形

借方			貸方		
		440,000			632,000
3/14	当座預金	135,000	3/20	仕　入	189,000

買 掛 金

借方			貸方		
		479,000			773,000
3/27	当座預金	294,000	3/1	仕　入	176,000
			8	仕　入	169,000

借 入 金

借方	貸方
150,000	300,000

未 払 金

借方			貸方		
		115,000			265,000
3/18	当座預金	150,000	3/4	備　品	120,000

前 受 金

借方			貸方		
		23,000			29,000
3/13	売　　上	6,000	3/15	現　　金	10,000

貸 倒 引 当 金

貸方
14,000

備品減価償却累計額

借方	貸方
45,000	200,000

資 本 金

貸方
500,000

繰越利益剰余金	
	162,000

受取手数料	
	43,500

仕　　入	
828,000	23,000
3/1 諸　　口 340,000	
8 諸　　口 274,000	
20 支払手形 189,000	

支払家賃	
38,500	
3/26 普通預金 3,500	

支払利息	
8,000	
3/26 当座預金 500	

売　　上	
60,000	1,536,000
	3/5 諸　　口 485,000
	13 諸　　口 231,000
	22 諸　　口 368,000

給　　料	
352,500	
3/26 当座預金 32,000	

減価償却費	
7,500	

水道光熱費	
27,500	
3/26 普通預金 2,500	

固定資産売却損	
25,000	

(3) 合計残高試算表

合計残高試算表
20x8年3月31日

借　方		勘定科目	貸　方	
残　高	合　計		合　計	残　高
120,000	1,303,000	現　　　　金	1,183,000	
262,500	2,713,000	当 座 預 金	2,450,500	
327,500	418,500	普 通 預 金	91,000	
207,000	688,000	受 取 手 形	481,000	
408,000	1,073,000	売 　掛　 金	665,000	
93,000	93,000	繰 越 商 品		
12,000	43,000	前 　払　 金	31,000	
30,000	102,000	未 収 入 金	72,000	
740,000	920,000	備　　　　品	180,000	
	575,000	支 払 手 形	821,000	246,000
	773,000	買 　掛　 金	1,118,000	345,000
	150,000	借 　入　 金	300,000	150,000
	265,000	未 　払　 金	385,000	120,000
	29,000	前 　受　 金	39,000	10,000
		貸 倒 引 当 金	14,000	14,000
	45,000	備品減価償却累計額	200,000	155,000
		資 　本　 金	500,000	500,000
		繰 越 利 益 剰 余 金	162,000	162,000
	60,000	売　　　　上	2,620,000	2,560,000
		受 取 手 数 料	43,500	43,500
1,608,000	1,631,000	仕　　　　入	23,000	
384,500	384,500	給　　　　料		
7,500	7,500	減 価 償 却 費		
42,000	42,000	支 払 家 賃		
30,000	30,000	水 道 光 熱 費		
8,500	8,500	支 払 利 息		
25,000	25,000	固 定 資 産 売 却 損		
4,305,500	11,379,000		11,379,000	4,305,500

　以上、日常取引から仕訳と転記の記入例と合計残高試算表の作成例を示した。

第20章　決算整理①

　本章では、決算整理について学習する。決算には、棚卸表を作成し、それに基づいて決算整理が行われる。そして、帳簿の締切、貸借対照表および貸借対照表が作成される。この一連の流れについて学習する。

20.1　決算整理とはなにか

　決算とは日常の取引を整理して帳簿を締め切るとともに財務諸表を作成する手続きである。そのためには、帳簿残高と実際有高の照合や収益と費用を当期の収益と当期の費用に整理する必要がある。これを決算整理といい、この決算整理に必要な仕訳を決算整理仕訳という。また、この決算整理に必要な事項を決算整理事項という。ここでは①から⑤までの事項を学習する。⑥から⑧までは次章で学習する。

　① 売上原価の計算
　② 貸し倒れの見積もり
　③ 当座借越の振替
　④ 固定資産の減価償却
　⑤ 有価証券の評価
　⑥ 貯蔵品の棚卸
　⑦ 費用の前払いと収益の前受け
　⑧ 費用の未払いと収益の未収

20.2　売上原価の計算

商品売買取引で3分法で記帳した場合、当期の商品売買損益を計算する。
売上勘定は、商品を販売したときに、その商品の売価を売上勘定の貸方に記入する。
仕入勘定は、商品を仕入れたときに、その商品の仕入原価で仕入勘定の借方に記入する。
繰越商品は、決算時に商品の期首と期末の棚卸高が記帳される勘定である。

決算整理前の勘定

商品売買益の計算

　純売上高－売上原価＝商品売買益（売上総利益）

　純売上高は、売上勘定の貸方残高に示されている。しかし、売上原価はどの勘定にも示されていないため、通常、仕入勘定で売上原価を計算する。そのために必要なのが期末における商品有高である。商品有高帳で示される帳簿棚卸や商品を実際に調査する実施棚卸を行い、期末商品棚卸高を次期に繰り越す必要がある。期首商品棚卸高は、繰越商品勘定の借方残高に示されている。よって、売上原価は下記の計算式によって算出する。

　　　　　　仕入高　＋　期首商品棚卸高　－　期末商品棚卸高　＝　売上原価

　決算整理仕訳

　　（借）仕　　　入　　×××　　　（貸）繰越商品　　　×××
　　　　　繰越商品　　×××　　　　　　仕　　　入　　　×××

例題20－1

　次の資料に基づいて売上原価を計算するとともに、決算整理仕訳をしなさい。また、商品売買益を計算しなさい。なお、売上原価の計算は、仕入勘定で行うこと。

　　純仕入高　　　　　¥4,500
　　期首商品棚卸高　　¥　350
　　期末商品棚卸高　　¥　200
　　純売上高　　　　　¥6,000

　　　　　　4,500　＋　350　－　200　＝　4,650

決算整理仕訳

	借　方　科　目	金　　　額	貸　方　科　目	金　　　額
3/31	仕　　　　　入	350	繰　越　商　品	350
	繰　越　商　品	200	仕　　　　　入	200

勘定記入

	繰越商品					
4/1	前期繰越	350	3/31	仕 入	350	
3/31	仕 入	200	3/31	次期繰越	**200**	
		550			550	

	仕 入				
	純仕入高	4,500	3/31	繰越商品	200
3/31	繰越商品	350	3/31	損 益	4,650
		4,850			4,850

	売 上			
3/31	損 益	6,000	純 売 上	6,000

よって、商品売買益は、下記のとおりである。

6,000 － 4,650 ＝ 1,350

20.3　貸倒引当金の見積もり

受取手形や売掛金等は次期以降に回収できなくなることがある。これを貸し倒れといい、貸し倒れとなったときは、貸倒損失勘定（費用）の借方に記入するとともに、売掛金などの債権を貸方に記入する。

　　　　（借）貸 倒 損 失　　×××　　　　（貸）売 掛 金　　×××

受取手形や売掛金等には、貸し倒れる危険性があるので貸し倒れの予想される金額を決算において設定する。この場合、過去の貸倒実績率などに基づいて金額を算定し、貸倒引当金として貸方に記入するとともに貸倒引当金繰入（費用）を借方に記入する。

貸倒引当金の見積額は、受取手形や売掛金等の売上債権について、その期末残高に貸倒実績率を掛けて計算する。また、貸倒引当金残高がある場合、貸倒引当金見積額から貸倒引当金残高を控除して、貸倒引当金繰入額を計算する。

　　　　貸倒引当金見積額　＝　受取手形や売掛金等の売上債権　×　貸倒実績率
　　　　貸倒引当金繰入額　＝　貸倒引当金見積額　－　貸倒引当金残高

決算整理仕訳

　　　　（借）貸 倒 引 当 金 繰 入　　×××　　　　（貸）貸 倒 引 当 金　　×××

なお、貸倒引当金見積額が貸倒引当金残高よりも少ない場合、この差額部分を貸倒引当金戻入（収益）の貸方に記入するとともに、貸倒引当金を借方に記入して減額する。

決算整理仕訳

　　　　（借）貸 倒 引 当 金　　×××　　　　（貸）貸 倒 引 当 金 戻 入　　×××

例題20－2

　　　　売掛金期末残高￥600,000　受取手形期末残高￥800,000
　　　　貸倒引当金期末残高￥20,500　貸倒引当金を３％に設定する。

貸倒引当金の見積額

（600,000　＋　800,000）　×　3 ％　＝　42,000

42,000　－　20,500　＝　21,500

決算整理仕訳

借　方　科　目	金　　　　　額	貸　方　科　目	金　　　　　額
貸 倒 引 当 金 繰 入	21,500	貸 倒 引 当 金	21,500

20. 4　当座借越の振替

　当座預金は、通常、預金の限度額を超える支払いには応じてもらえない。ただし、銀行とあらかじめ預金残高を超える一定金額まで支払いに応じてもらえるよう当座借越契約を結ぶことがある。預金の限度額を超えた支出分については、当座借越といい、負債を意味する。よって、決算において、当座預金勘定が貸方残高になっていた場合は、当座借越勘定、もしくは、借入金勘定に振り替えなければならない。

決算整理仕訳

　　　（借）当座預金　　×××　　　　（貸）当座借越　　×××

もしくは

　　　（借）当座預金　　×××　　　　（貸）借 入 金　　×××

例題20－3

　決算において、当座預金勘定の残高が¥30,000（貸方）となっているが、これは、全額が当座借越によるものであるため、適切な勘定へ振り替えた。

決算整理仕訳

借　方　科　目	金　　　　　額	貸　方　科　目	金　　　　　額
当　座　預　金	30,000	当　座　借　越	30,000

20. 5　減価償却の間接法による記帳

ａ．間接法による減価償却費の記帳

　減価償却の記帳方法には、直接法と間接法がある。前者は、第15章で学んでいるので、ここでは間接法について取り上げる。

　間接法は、備品・建物などの固定資産ごとに減価償却累計額勘定が貸方に設定され、ここに減価償却額が記入される。間接法では、毎期の減価償却額が合計されていくこととなる。

決算整理仕訳

（借）減 価 償 却 費　　×××　　　（貸）備品減価償却累計額　　×××

例題20－4

　次の決算整理事項の仕訳を示し、転記して締め切りなさい。ただし、決算日は３月31日とする。

　　決算にあたり、備品（取得原価¥2,000,000）について定額法で減価償却したところ¥250,000
であったので、間接法で記帳した。

解答

決算整理仕訳

	借 方 科 目	金　　　　額	貸 方 科 目	金　　　　額
3 /31	減 価 償 却 費	250,000	備品減価償却累計額	250,000

　間接法では、当該固定資産は取得原価で次期に繰り越される一方、減価償却費は毎期減価償却累
計額勘定に加算されるため、当該固定資産の取得原価とそれまでの減価償却費の累計額をともに確
認することができ、取得原価から減価償却累計額を控除すると、当該固定資産の帳簿価額となる。

ｂ．定率法による減価償却費の計算方法

　減価償却費の計算方法として定率法がある。定率法とは、固定資産の未償却残高(帳簿価額)に一
定率(償却率)を掛けて減価償却費を計算する方法で、計算式は次のとおりである。

　　　　　減価償却費　＝　未償却残高　×　償却率

取得原価　－　減価償却累計額

定率法によれば、減価償却費は初期に多く計上され、その後毎年次第に少なく計上されることとなる。

例題20－5

第1期に購入した備品（取得原価¥900,000）について、第3期までの減価償却費を定率法で計算しなさい。なお、決算は年1回で、償却率は0.3である。

第1期　　¥900,000 × 0.3 ＝ ¥270,000

第2期　　（¥900,000 － ¥270,000）× 0.3 ＝ ¥189,000

第3期　　（¥900,000 － ¥459,000）× 0.3 ＝ ¥132,300

補節．1　有価証券の評価

決算に際し、貸借対照表に記載する有価証券の価額を決めることを有価証券の評価という。そして時価の変動により利益を得ることを目的として保有する有価証券は、決算時の時価で評価する。

ａ．有価証券の評価に関する仕訳

決算日に、その時価が帳簿価額より低い場合は、帳簿価額を時価まで引き下げ、その差額を有価証券評価損勘定（費用の勘定）の借方に記入する。

決算整理仕訳

（借）有価証券評価損　　×××　　　　（貸）有　価　証　券　　×××

また、その時価が帳簿価額より高い場合は、帳簿価額を時価まで引き上げ、その差額を有価証券評価益勘定（収益の勘定）の貸方に記入する。

決算整理仕訳

（借）有　価　証　券　　×××　　　　（貸）有価証券評価益　　×××

例題20－6

次の決算整理事項の仕訳を示し、転記して締め切りなさい。ただし、決算日は3月31日とする。

【有価証券評価損の場合】

3月31日　決算にあたり、売買目的で保有している福岡商店株式会社の株式100株（帳簿価額1株につき¥5,000）を時価1株につき¥4,700に評価替えする。

解答

決算整理仕訳

	借 方 科 目	金 額	貸 方 科 目	金 額
3 /31	有 価 証 券 評 価 損	30,000	有 価 証 券	30,000

有価証券

	500,000	3 /31	有価証券評価損	30,000
		〃	次期繰越	470,000
	500,000			500,000
4 / 1 前期繰越	470,000			

有価証券評価損

3 /31 有価証券	30,000	3 /31 損 益	30,000

【有価証券評価益の場合】

　3月31日　決算にあたり、売買目的で保有している福岡商店株式会社の株式100株（帳簿価額1株につき¥5,000）を時価1株につき¥5,600に評価替えする。

解答

決算整理仕訳

	借 方 科 目	金 額	貸 方 科 目	金 額
3 /31	有 価 証 券	60,000	有 価 証 券 評 価 益	60,000

有価証券

	500,000	3 /31	次期繰越	560,000
3 /31 有価証券評価益	60,000			
	560,000			560,000
4 / 1 前期繰越	560,000			

有価証券評価益

3 /31 損 益	60,000	3 /31 有価証券	60,000

第21章　決算整理②

前章につづき、決算整理について学習する。本章では、貯蔵品の棚卸、費用の前払いと収益の前受および費用の未払いと収益の未収について学習する。また、月次決算の処理、8桁精算表、貸借対照表および損益計算書の作成方法を学習する。

21.1　貯蔵品の棚卸

事務用文房具などの消耗品は、購入時に消耗品費勘定（費用の勘定）で処理し、決算時に未使用分を消耗品費勘定から消耗品勘定（資産の勘定）へ振り替える処理もありうるが、未使用分は資産の勘定へ振り替えないのが一般的である。

一方、切手や収入印紙などは換金性が高いこともあり、厳密に資産の勘定へ振り替えることが行われる。すなわち、これらの購入時に租税公課勘定（費用の勘定）などの借方に支出額を記帳し、決算時に未使用分を貯蔵品勘定（資産の勘定）へ振り替え、次期へ繰り越し、次期の最初の日付で、決算整理仕訳と逆の仕訳を行い、再び費用に振り替える。

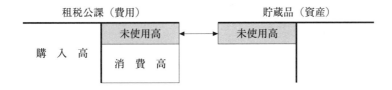

例題21－1

次の一連の取引について仕訳を示し、各勘定に転記するとともに損益勘定以外の各勘定を締め切りなさい。また、開始記入も行いなさい。なお、会計期間は20x8年4月1日から20x9年3月31日である。

　　20x8年11月1日　　収入印紙¥25,000を購入し、代金は現金で支払った。

　　20x9年3月31日　　決算にあたり、収入印紙の未使用分が¥9,000あった。

　　　　〃　　日　　収入印紙の当期使用分¥16,000を損益勘定へ振り替えた。

　　20x9年4月1日　　期首において、収入印紙の前期未使用分¥9,000を、租税公課勘定へ再振替した。

解答

	借 方 科 目	金 額	貸 方 科 目	金 額
11/1	租 税 公 課	25,000	現 金	25,000
3/31	貯 蔵 品	9,000	租 税 公 課	9,000
〃	損 益	16,000	租 税 公 課	16,000
4/1	租 税 公 課	9,000	貯 蔵 品	9,000

租税公課

11/1 現　　金 25,000	3/31 貯 蔵 品 9,000
	〃 損　　益 16,000
25,000	25,000
4/1 貯 蔵 品 9,000	

貯蔵品

3/31 租税公課 9,000	3/31 次期繰越 9,000
4/1 前期繰越 9,000	4/1 租税公課 9,000

21. 2　費用の前払いと収益の前受け

　費用や収益の各勘定は、収支に基づき記帳されるが、記帳された金額のなかには次期以降に属する金額が含まれていることがあり、このような場合には、次期以降に属する費用や収益は当期の損益計算から除く必要がある。このような処理を費用の前払いあるいは収益の前受けという。詳しくは次のとおりである。

a．費用の前払い

　費用として支払った金額のうち、次期以降の費用とすべき分は、その費用の勘定から差し引いて、あらたに前払費用勘定（資産の勘定）を設けて、その借方に記入する。

　前払いの内容を明らかにする意味で、前払保険料、前払家賃、前払地代、前払利息などの資産の勘定が用いられる。

　また、これらの前払費用は次期の最初の日付で、決算整理仕訳と逆の仕訳を行い、再び費用に振り替える。これを再振替仕訳という。

例題21－2

　次の一連の取引について仕訳を示し、各勘定に転記するとともに損益勘定以外の各勘定を締め切りなさい。また、開始記入も行いなさい。なお、会計期間は20x8年4月1日から20x9年3月31日までの1年間である。

　　20x8年8月1日　保険料1年分￥48,000を現金で支払った。

　　20x9年3月31日　決算にあたり、保険料のうち￥16,000を前払い計上した。

　　　　　〃　　日　保険料の当期分￥32,000を損益勘定へ振り替えた。

　　20x9年4月1日　前払保険料￥16,000を、支払保険料勘定へ再振替した。

解答

	借 方 科 目	金 額	貸 方 科 目	金 額
8／1	支 払 保 険 料	48,000	現 金	48,000
3／31	前 払 保 険 料	16,000	支 払 保 険 料	16,000
〃	損 益	32,000	支 払 保 険 料	32,000
4／1	支 払 保 険 料	16,000	前 払 保 険 料	16,000

これを図示すると次のとおりである。

支払保険料				
8／1	現　　金	48,000	3／31	前払保険料	16,000

（以下、支払保険料勘定と前払保険料勘定の図）

8／1 現　　金 48,000 ｜ 3／31 前払保険料 16,000
　　　　　　　　　　　｜　〃　 損　　益 32,000
　　　　　　　 48,000 ｜ 48,000
4／1 前払保険料 16,000 ｜

前払保険料
3／31 支払保険料 16,000 ｜ 3／31 次期繰越 16,000
4／1 前期繰越 16,000 ｜ 4／1 支払保険料 16,000

b．収益の前受け

収益として受け取った金額のうち、次期以降の収益とすべき分は、その収益の勘定から差し引いて、あらたに前受収益勘定（負債の勘定）を設けて、その貸方に記入する。

前受けの内容を明らかにする意味で、前受家賃、前受地代、前受利息などの負債の勘定が用いられる。

また、これらの前受収益は次期の最初の日付で、決算整理仕訳と逆の仕訳を行い、再振替仕訳を行う。

例題21－3

次の一連の取引について仕訳を示し、各勘定に転記するとともに損益勘定以外の各勘定を締め切りなさい。また、開始記入も行いなさい。なお、会計期間は20x8年4月1日から20x9年3月31日までの1年間である。

20x8年8月1日　家賃1年分￥60,000を現金で受け取った。

20x9年3月31日　決算にあたり、家賃のうち￥20,000を前受け計上した。

　〃　　日　家賃の当期分￥40,000を損益勘定へ振り替えた。

x9年4月1日　前受家賃¥20,000を、受取家賃勘定へ再振替した。

解答

	借　方　科　目	金　　　　額	貸　方　科　目	金　　　　額
8／1	現　　　　　金	60,000	受　取　家　賃	60,000
3／31	受　取　家　賃	20,000	前　受　家　賃	20,000
〃	受　取　家　賃	40,000	損　　　　　益	40,000
4／1	前　受　家　賃	20,000	受　取　家　賃	20,000

これを図示すると次のとおりである。

21.3　費用の未払いと収益の未収

　費用や収益の各勘定のなかには、収支がないため記帳されていなくても、当期の費用あるいは収益として発生しているものがあり、これらは当期に属する費用や収益として当期の損益計算に追加する必要があるが、このような処理を費用の未払いあるいは収益の未収という。詳しくは次のとおりである。

a．費用の未払い

　当期の費用として計上すべきにもかかわらず、まだ支払っていない金額については、帳簿に記入されていないので当該費用勘定の借方に記入するとともに、あらたに未払費用勘定（負債の勘定）を設けてその貸方に記入する。

　未払いの内容を明らかにする意味で、未払家賃、未払地代、未払利息などの負債の勘定が用いら

れる。

　また、これらの未払費用は次期の最初の日付で、決算整理仕訳と逆の仕訳を行い、再振替仕訳を行う。

例題21－4

　次の一連の取引について仕訳を示し、各勘定に転記するとともに損益勘定以外の各勘定を締め切りなさい。また、開始記入も行いなさい。なお、決算日は20x8年 3 月31日である。

　　20x8年 3 月31日　決算にあたり、20x7年12月 1 日に借り入れた¥100,000（借入期間 1 年、利率年 3 ％、利息は元本返済時に支払う）についての利息の未払分を計上した。

　　　　〃　　　日　利息の当期分¥6,000を損益勘定へ振り替えた。

　　20x8年 4 月 1 日　未払利息を支払利息勘定へ再振替した。

　　20x8年11月30日　利息を約定通り現金で支払った。

解答

	借　方　科　目	金　　　　額	貸　方　科　目	金　　　　額
3 /31	支　払　利　息	1,000 *	未　払　利　息	1,000
3 /31	損　　　　　益	6,000	支　払　利　息	6,000
4 / 1	未　払　利　息	1,000	支　払　利　息	1,000
11/30	支　払　利　息	3,000 **	現　　　　　金	3,000

　　＊¥100,000× 3 ％× 4 ヵ月÷12ヵ月

　　＊＊¥100,000× 3 ％

　これを図示すると次のとおりである。

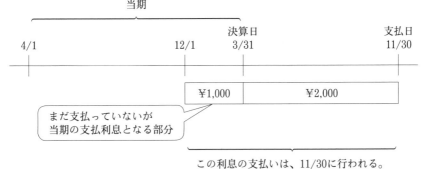

b．収益の未収

　当期の収益として計上すべきにもかかわらず、まだ受け取っていない金額については、帳簿に記入されていないので当該収益勘定の貸方に記入するとともに、あらたに未収収益勘定（資産の勘定）を設けてその借方に記入する。

　未収の内容を明らかにする意味で、未収家賃、未収地代、未収利息などの資産の勘定が用いられる。

　また、これらの未収収益は次期の最初の日付で、決算整理仕訳と逆の仕訳を行い、再振替仕訳を行う。

例題21－5

　次の一連の取引について仕訳を示し、各勘定に転記するとともに損益勘定以外の各勘定を締め切りなさい。また、開始記入も行いなさい。なお、決算日は20x8年3月31日である。

　20x8年3月31日　決算にあたり、当期の地代未収額￥30,000（3ヵ月分）を未収計上した。
　　　〃　　　　日　受取地代の当期分￥120,000を損益勘定へ振り替えた。
　20x8年4月1日　未収地代を受取地代勘定へ再振替した。
　20x8年6月30日　地代￥60,000を現金で受け取った。

解答

	借　方　科　目	金　　　　　額	貸　方　科　目	金　　　　　額
3/31	未　収　地　代	30,000	受　取　地　代	30,000
3/31	受　取　地　代	120,000	損　　　　　益	120,000
4/1	受　取　地　代	30,000	未　収　地　代	30,000
6/30	現　　　　　金	60,000	受　取　地　代	60,000

これを図示すると次のとおりである。

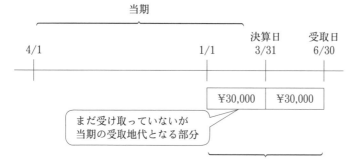

この地代の受け取りは、6/30に行われる。

			受取地代							未収地代		
3/31	損	益	120,000	すでに受け取っている分	90,000	3/31	受取地代	30,000	3/31	次期繰越	30,000
				3/31 未収地代	30,000	4/1	前期繰越	30,000	4/1	受取地代	30,000
			120,000		120,000						
4/1	未収地代	30,000	6/30 現 金	60,000							

21.4 月次決算の処理

決算を1ヵ月に1回行うことを月次決算という。月次決算により会社の業績や財産の状況をこまめに把握し、日々の経営活動に役立てることができる。これに対して、1年に1回行う決算を年次決算という。

月次決算のさいは、月次残高試算表（月計表）を作成後、決算整理を行うが、年次決算に比べると決算整理事項は簡素化され、決算整理後の月次残高試算表により月次の損益計算書と貸借対照表が作成される。

例題21－6

5月度の月次決算にあたり、次の決算整理事項の仕訳を示しなさい。なお、会計期間は20x8年4月1日から20x9年3月31日までの1年間である。

a．当月の商品仕入高　¥102,000　前月末の商品棚卸高　¥21,000
　　当月末の商品棚卸高　¥18,000
b．備品（取得原価¥180,000、耐用年数5年、残存価額ゼロ）について、定額法で1ヵ月分の減価償却を行う。
c．5月1日に保険料1年分¥30,000を現金で支払っていた。

解答

	借　方　科　目	金　　　　額	貸　方　科　目	金　　　　額
a	仕　　　　　　入	21,000	繰　越　商　品	21,000
	繰　越　商　品	18,000	仕　　　　　　入	18,000
b	減　価　償　却　費	3,000	備品減価償却累計額	3,000
c	前　払　保　険　料	27,500	支　払　保　険　料	27,500

21.5　8桁精算表の作成

　精算表のなかで最も一般的なものは、8桁精算表である。ここでは、これまで学んだ決算整理事項の処理をもとに8桁精算表の作成を学ぶ。

　8桁精算表は次の順序で作成する。

① 　各総勘定元帳の勘定残高を残高試算表欄に記入し、合計して締め切る。

② 　決算整理仕訳を整理記入欄に記入する。このとき残高試算表にない勘定科目は、勘定科目欄に順次追加する。

③ 　各勘定ごとに、残高試算表欄の数字と整理記入欄の数字の貸借が同じ側の場合は加え、反対側の場合は差し引き、収益・費用の勘定は損益計算書欄に記入し、資産・負債・純資産の勘定は貸借対照表欄に記入する。

④ 　損益計算書欄の借方と貸方をそれぞれ合計し、貸借差額を合計額の少ないほうに記入し、当期純利益または当期純損失とする。

⑤ 　貸借対照表欄の借方と貸方をそれぞれ合計し、貸借差額を合計額の少ないほうに記入し、当期純利益または当期純損失とする。

⑥ 　すべての欄の借方と貸方の金額を合計して締め切る。

　これらのことをまとめると、次のようになる。

精　算　表

20x9年3月31日

勘定科目	残高試算表		整理記入		損益計算書		貸借対照表	
	借方	貸方	借方	貸方	借方	貸方	借方	貸方
資　　産	450		(＋)	(－)			500	
負　　債		200	(－)	(＋)				320
純 資 産		100	(－)	(＋)				100
収　　益		250	(－)	(＋)		460		
費　　用	100		(＋)	(－)	380			
当期純利益					80			80
	550	550	××	××	460	460	500	500

例題21-7

　大阪商事株式会社（決算年1回　会計期間は20x8年4月1日から20x9年3月31日まで）の次の
残高試算表と決算整理事項によって、決算整理仕訳を示し、8桁精算表を作成しなさい。

残 高 試 算 表
20x9年3月31日

借　　方	元丁	勘 定 科 目	貸　　方
325,000	1	現　　　　　　金	
	2	当 座 預 金	110,000
550,000	3	売 掛 金	
26,000	4	仮 払 法 人 税 等	
261,000	5	繰 越 商 品	
1,300,000	6	備　　　　　　品	
	7	買 掛 金	460,000
	8	預 り 金	37,000
	9	貸 倒 引 当 金	6,000
	10	備品減価償却累計額	260,000
	11	資 本 金	1,000,000
	12	繰 越 利 益 剰 余 金	116,000
	13	売 上	2,890,000
	14	受 取 利 息	78,000
1,854,000	15	仕　　　　　　入	
395,000	16	給　　　　　　料	
84,000	17	支 払 家 賃	
18,000	18	通 信 費	
51,000	19	租 税 公 課	
93,000	20	法 定 福 利 費	
4,957,000			4,957,000

決算整理事項

ａ．期末商品棚卸高は¥278,000である。

ｂ．現金の実際有高は¥318,000であった。

ｃ．当座預金勘定の貸方残高全額を当座借越勘定に振り替える。なお、取引銀行とは借り越し限度
　　額を¥500,000とする当座借越契約を結んでいる。

ｄ．売掛金の期末残高に対して2％の貸倒引当金を、差額補充法により設定する。

ｅ．備品について、残存価額ゼロ、耐用年数10年として定額法で減価償却を行う。

ｆ．家賃は全額当期の9月1日に向こう1年分を支払ったものであるため、前払分を月割で計上す

る。

g．利息の未収分¥26,000を計上する。

h．収入印紙の未使用分¥29,000を計上する。

i．法人税等が¥55,000と計算されたので、仮払法人税等との差額を未払法人税等として計上する。

解答

	借　方　科　目	金　　　　額	貸　方　科　目	金　　　　額
a	仕　　　　　　入 繰　越　商　品	261,000 278,000	繰　越　商　品 仕　　　　　　入	261,000 278,000
b	雑　　　　　　損	7,000	現　　　　　　金	7,000
c	当　座　預　金	110,000	当　座　借　越	110,000
d	貸倒引当金繰入	5,000	貸　倒　引　当　金	5,000
e	減　価　償　却　費	130,000	備品減価償却累計額	130,000
f	前　払　家　賃	35,000	支　払　家　賃	35,000
g	未　収　利　息	26,000	受　取　利　息	26,000
h	貯　蔵　品	29,000	租　税　公　課	29,000
i	法　人　税　等	55,000	仮　払　法　人　税　等 未　払　法　人　税　等	26,000 29,000

精　算　表

20x9年3月31日　　　　　　　　　　　　　　　　　　（単価：円）

勘 定 科 目	残 高 試 算 表 借方	残 高 試 算 表 貸方	整 理 記 入 借方	整 理 記 入 貸方	損 益 計 算 書 借方	損 益 計 算 書 貸方	貸 借 対 照 表 借方	貸 借 対 照 表 貸方
現　　　　金	325,000			7,000			318,000	
当 座 預 金		110,000	110,000					
売　掛　金	550,000						550,000	
仮払法人税等	26,000			26,000				
繰 越 商 品	261,000		278,000	261,000			278,000	
備　　　　品	1,300,000						1,300,000	
買　掛　金		460,000						460,000
預　り　金		37,000						37,000
貸 倒 引 当 金		6,000		5,000				11,000
備品減価償却累計額		260,000		130,000				390,000
資　本　金		1,000,000						1,000,000
繰越利益剰余金		116,000						116,000
売　　　　上		2,890,000				2,890,000		
受 取 利 息		78,000		26,000		104,000		
仕　　　　入	1,854,000		261,000	278,000	1,837,000			
給　　　料	395,000				395,000			
支 払 家 賃	84,000			35,000	49,000			
通　信　費	18,000				18,000			
租 税 公 課	51,000			29,000	22,000			
法 定 福 利 費	93,000				93,000			
	4,957,000	4,957,000						
雑　　　損			7,000		7,000			
当 座 借 越				110,000				110,000
貸倒引当金繰入			5,000		5,000			
減 価 償 却 費			130,000		130,000			
前 払 家 賃			35,000				35,000	
未 収 利 息			26,000				26,000	
貯　蔵　品			29,000				29,000	
未払法人税等				29,000				29,000
法 人 税 等			55,000		55,000			
当 期 純 利 益					**383,000**			383,000
			936,000	936,000	2,994,000	2,994,000	2,536,000	2,536,000

21．6　損益計算書と貸借対照表

ａ．損益計算書の作成

　損益計算書は、一会計期間の収益と費用から当期純利益（あるいは当期純損失）を計算し、当該企業の経営成績を明らかにするもので、その企業がどのくらい儲けたのか、そして儲けるために費用がどのくらいかかったのかということを金額的に示す。

　基本的に損益勘定をもとに作成されるが、次のように損益勘定で使用された勘定科目とは異なる項目が表示されることがある。

　①損益勘定の「仕入」は、損益計算書では「売上原価」と表示する。

　②損益勘定の「売上」は、損益計算書では「売上高」と表示する。

　また、当期純利益は借方に赤字で表示され、当時純損失は貸方に黒字で表示される。

例題21－8

　例題21－7の大阪商事株式会社（決算年1回　会計期間は20x8年4月1日から20x9年3月31日まで）の残高試算表と決算整理事項によって損益計算書を作成しなさい。

損 益 計 算 書

大阪商事株式会社　20x8年4月1日〜20x9年3月31日まで　　　　（単位：円）

費　　　　　用	金　　額	収　　　　　益	金　　額
売 上 原 価	1,837,000	売　　上　　高	2,890,000
給　　　　　料	395,000	受 取 利 息	104,000
支 払 家 賃	49,000		
通 信 費	18,000		
租 税 公 課	22,000		
法 定 福 利 費	93,000		
貸倒引当金繰入	5,000		
減 価 償 却 費	130,000		
雑　　　　　損	7,000		
法 人 税 等	55,000		
当 期 純 利 益	383,000		
	2,994,000		2,994,000

ｂ．貸借対照表の作成

　貸借対照表は、一定時点の資産、負債および純資産の状況をまとめたもので、当該企業の財政状態を明らかにし、企業に投下された資金がどのように調達され、その調達された資金がどのような形に運用されているかを示す。

　基本的に繰越試算表をもとに作成されるが、次の点に注意しなければならない。

　①　受取手形や売掛金に対する貸倒引当金や備品や建物に対する減価償却累計額は、それぞれの

資産から控除する形式で表示する。

② 「繰越商品」は、貸借対照表では「商品」と表示する。

③ 当期純利益は繰越利益剰余金に含める。

例題21－9

例題21－7の大阪商事株式会社（決算年1回　会計期間は20x8年4月1日から20x9年3月31日まで）の残高試算表と決算整理事項によって貸借対照表を作成しなさい。

貸 借 対 照 表

大阪商事株式会社　　　　　　　20x9年3月31日　　　　　　　（単位：円）

資　　　　産	金　　額		負債及び純資産	金　　額
現　　　　　金		318,000	買　　掛　　金	460,000
売　　掛　　金	550,000		当　座　借　越	110,000
貸 倒 引 当 金	11,000	539,000	預　　り　　金	37,000
商　　　　　品		278,000	未 払 法 人 税	29,000
貯　　蔵　　品		29,000	資　　本　　金	1,000,000
前　払　家　賃		35,000	繰越利益剰余金	499,000
未　収　利　息		26,000		
備　　　　　品	1,300,000			
備品減価償却累計額	390,000	910,000		
		2,135,000		2,135,000

※ 繰越利益剰余金は116,000円と当期純利益383,000円の合計額である。

第22章　総合問題

【総合問題1】

佐賀商事株式会社（会計期間は20x7年4月1日から20x8年3月31日、決算年1回）の(1)決算整理前残高試算表および(2)決算整理事項等に基づいて、答案用紙の決算整理後残高試算表を完成しなさい。

(1)
決算整理前残高試算表

借方	勘定科目	貸方
300,000	現　　　　　金	
5,000	現 金 過 不 足	
1,200,000	当 座 預 金	
480,000	売 　 掛 　 金	
220,000	電 子 記 録 債 権	
40,000	仮 払 法 人 税 等	
240,000	仮 払 消 費 税	
350,000	繰 越 商 品	
1,200,000	建　　　　　物	
	買 　 掛 　 金	410,000
	仮 受 消 費 税	440,000
	社 会 保 険 料 預 り 金	23,000
	貸 倒 引 当 金	11,000
	建 物 減 価 償 却 累 計 額	160,000
	資 　 本 　 金	2,000,000
	繰 越 利 益 剰 余 金	180,000
	売 　 　 　 上	5,500,000
	受 取 手 数 料	60,000
3,400,000	仕 　 　 　 入	
560,000	給 　 　 　 料	
355,000	広 告 宣 伝 費	
28,000	保 　 険 　 料	
76,000	水 道 光 熱 費	
210,000	租 　 税 　 公 課	
120,000	法 定 福 利 費	
8,784,000		8,784,000

(2) 決算整理事項等

1．現金過不足については、原因が判明しなかった。

2．期末商品棚卸高は¥280,000である。売上原価の計算を「仕入」勘定を用いて行う。

3．期末売掛金および電子記録債権に対して２％の貸倒れを見積もる。貸倒引当金の設定は差額補充法による。

4．建物について、定額法（耐用年数30年、残存価額ゼロ）により減価償却を行う。

5．購入時に費用処理していた収入印紙の未使用高¥30,000を貯蔵品勘定へ振り替える。

6．保険料は、当期10月１日からの１年分であり、前払高を計上する。

7．消費税（税抜方式）の処理を行う。

8．当期の法人税等が¥75,000と計算された。

【答案用紙】

決算整理後残高試算表

借方	勘定科目	貸方
	現　　　　　　　金	
	当　座　預　金	
	売　　掛　　金	
	電　子　記　録　債　権	
	繰　越　商　品	
	（　　　　　　　）	
	前払（　　　　　）	
	建　　　　　物	
	買　　掛　　金	
	未　払　法　人　税　等	
	未払（　　　　　）	
	社　会　保　険　料　預　り　金	
	貸　倒　引　当　金	
	建　物　減　価　償　却　累　計　額	
	資　　本　　金	
	繰　越　利　益　剰　余　金	
	売　　　　　上	
	受　取　手　数　料	
	仕　　　　　入	
	給　　　　　料	
	広　告　宣　伝　費	
	保　　険　　料	
	水　道　光　熱　費	
	租　税　公　課	
	法　定　福　利　費	
	貸　倒　引　当　金　繰　入	
	減　価　償　却　費	
	雑　　　　　損	
	法　人　税　等	

【解答・解説】

決算整理後残高試算表

借方	勘定科目	貸方
300,000	現　　　　　金	
1,200,000	当　座　預　金	
480,000	売　　掛　　金	
220,000	電　子　記　録　債　権	
280,000	繰　越　商　品	
30,000	（　貯　蔵　品　）	
14,000	前　払（保　険　料）	
1,200,000	建　　　　　物	
	買　　掛　　金	410,000
	未　払　法　人　税　等	35,000
	未　払（消　費　税）	200,000
	社　会　保　険　料　預　り　金	23,000
	貸　倒　引　当　金	14,000
	建　物　減　価　償　却　累　計　額	200,000
	資　　本　　金	2,000,000
	繰　越　利　益　剰　余　金	180,000
	売　　　　　上	5,500,000
	受　取　手　数　料	60,000
3,470,000	仕　　　　　入	
560,000	給　　　　　料	
355,000	広　告　宣　伝　費	
14,000	保　　険　　料	
76,000	水　道　光　熱　費	
180,000	租　税　公　課	
120,000	法　定　福　利　費	
3,000	貸　倒　引　当　金　繰　入	
40,000	減　価　償　却　費	
5,000	雑　　　　　損	
75,000	法　人　税　等	
8,622,000		8,622,000

決算整理仕訳

	借 方 科 目	金 額	貸 方 科 目	金 額
1	雑　　　　　　　損	5,000	現 金 過 不 足	5,000
2	仕　　　　　　　入 繰 　越 　商 　品	350,000 280,000	繰 　越 　商 　品 仕　　　　　　　入	350,000 280,000
3	貸 倒 引 当 金 繰 入	3,000	貸 倒 引 当 金	3,000
4	減 　価 　償 　却 　費	40,000	建物減価償却累計額	40,000
5	貯 　　蔵 　　品	30,000	租 　税 　公 　課	30,000
6	前 払 保 険 料	14,000	保 　　険 　　料	14,000
7	仮 受 消 費 税	440,000	仮 　払 　消 　費 　税 未 　払 　消 　費 　税	240,000 200,000
8	法 　人 　税 　等	75,000	仮 払 法 人 税 等 未 払 法 人 税 等	40,000 35,000

【総合問題2】

下記〔資料1〕は山形株式会社（会計期間4月1日～3月31日、決算年1回）の20x9年3月31日における決算整理前の残高である。下記〔資料1〕および〔資料2〕に基づき、決算整理仕訳を行い、8桁精算表を作成しなさい。

〔資料1〕　元帳の決算整理前の勘定残高

現　　　　　金	97,000	現金過不足（借方残高）	2,000	当　座　預　金	75,000
受　取　手　形	160,000	売　　掛　　金	250,000	貸　倒　引　当　金	3,000
貸　　付　　金	200,000	繰　越　商　品	210,000	備　　　　　品	100,000
備品減価償却累計額	40,000	建　　　　　物	500,000	建物減価償却累計額	125,000
支　払　手　形	94,000	買　　掛　　金	130,000	借　　入　　金	100,000
資　　本　　金	800,000	繰越利益剰余金	65,000	売　　　　　上	1,778,000
受　取　家　賃	60,000	受　取　利　息	5,000	仕　　　　　入	1,156,000
給　　　　　料	270,000	営　　業　　費	143,000	保　　険　　料	15,000
租　税　公　課	12,000	支　払　地　代	10,000		

〔資料2〕決算整理事項

① 現金過不足の原因を調査した結果、¥1,000は交通費（営業費）の記入漏れと判明した。残りの¥1,000は原因不明のため雑損として処理する。

② 売上債権の期末残高に対して3％の貸倒れを見積もる。貸倒引当金の計上は差額補充法による。

③ 期末商品棚卸高は、¥195,000であった。

④ 備品と建物の減価償却は定額法によって行う。備品および建物の残存価額ゼロ、備品の耐用年数5年、建物の耐用年数20年である。

⑤ 受取家賃¥60,000は10ヵ月分であり、賃貸してから9ヵ月が経過している。

⑥ 貸付金の受取利息2ヵ月分が未収である。なお、貸付金¥200,000の年利は3％である。

⑦ 保険料¥15,000は1年分であり、1ヵ月分が未経過である。

⑧ 租税公課の未使用高は¥4,000である。貯蔵品勘定に振り替える。

⑨ 支払地代¥10,000は5ヵ月分であり、1ヵ月分が未払である。

⑩ 未払法人税等¥50,000を計上する。

決算整理仕訳

	借　方　科　目	金　　額	貸　方　科　目	金　　額
①				
②				
③				
④				
⑤				
⑥				
⑦				
⑧				
⑨				
⑩				

精 算 表

20x9年3月31日　　　　　　　　　　　　　　　　　　　　　（単位：円）

勘定科目	残高試算表 借方	残高試算表 貸方	修正記入 借方	修正記入 貸方	損益計算書 借方	損益計算書 貸方	貸借対照表 借方	貸借対照表 貸方
現　　　金	97,000							
現金過不足	2,000							
当座預金	75,000							
受取手形	160,000							
売掛金	250,000							
貸倒引当金		3,000						
貸付金	200,000							
繰越商品	210,000							
備　　　品	100,000							
備品減価償却累計額		40,000						
建　　　物	500,000							
建物減価償却累計額		125,000						
支払手形		94,000						
買掛金		130,000						
借入金		100,000						
資本金		800,000						
繰越利益剰余金		65,000						
売　　　上		1,778,000						
受取家賃		60,000						
受取利息		5,000						
仕　　　入	1,156,000							
給　　　料	270,000							
営業費	143,000							
保険料	15,000							
租税公課	12,000							
支払地代	10,000							
	3,200,000	3,200,000						
雑　　　損								
貸倒引当金繰入								
減価償却費								
前受家賃								
未収利息								
前払保険料								
貯蔵品								
未払地代								
法人税等								
未払法人税等								
当期純利益								

【解答・解説】

	借 方 科 目	金 額	貸 方 科 目	金 額
①	営 業 費	1,000	現 金 過 不 足	2,000
	雑　　　　損	1,000		
②	貸 倒 引 当 金 繰 入	9,300	貸 倒 引 当 金	9,300
③	仕　　　　入	210,000	繰 越 商 品	210,000
	繰 越 商 品	195,000	仕　　　　入	195,000
④	減 価 償 却 費	45,000	備品減価償却累計額	20,000
			建物減価償却累計額	25,000
⑤	受 取 家 賃	6,000	前 受 家 賃	6,000
⑥	未 収 利 息	1,000	受 取 利 息	1,000
⑦	前 払 保 険 料	1,250	保 険 料	1,250
⑧	貯 蔵 品	4,000	租 税 公 課	4,000
⑨	支 払 地 代	2,000	未 払 地 代	2,000
⑩	法 人 税 等	50,000	未 払 法 人 税 等	50,000

② 売上債権（受取手形＋売掛金）：160,000＋250,000＝410,000

　　貸倒引当金見積額：410,000×0.03＝12,300

　　貸倒引当金繰入額12,300－貸倒引当金期末残高3,000＝9,300

④ 備品減価償却費：100,000×1/5＝20,000

　　建物減価償却費：500,000×1/20＝25,000

⑥ 貸付金の1年分利息：200,000×0.03＝6,000

　　2ヵ月分利息：6,000×2/12＝1,000

精 算 表

20x9年3月31日 （単位：円）

勘定科目	残高試算表 借方	残高試算表 貸方	修正記入 借方	修正記入 貸方	損益計算書 借方	損益計算書 貸方	貸借対照表 借方	貸借対照表 貸方
現 金	97,000						97,000	
現金過不足	2,000			2,000				
当座預金	75,000						75,000	
受取手形	160,000						160,000	
売掛金	250,000						250,000	
貸倒引当金		3,000		9,300				12,300
貸付金	200,000						200,000	
繰越商品	210,000		195,000	210,000			195,000	
備品	100,000						100,000	
備品減価償却累計額		40,000		20,000				60,000
建物	500,000						500,000	
建物減価償却累計額		125,000		25,000				150,000
支払手形		94,000						94,000
買掛金		130,000						130,000
借入金		100,000						100,000
資本金		800,000						800,000
繰越利益剰余金		65,000						65,000
売上		1,778,000				1,778,000		
受取家賃		60,000	6,000			54,000		
受取利息		5,000		1,000		6,000		
仕入	1,156,000		210,000	195,000	1,171,000			
給料	270,000				270,000			
営業費	143,000		1,000		144,000			
保険料	15,000			1,250	13,750			
租税公課	12,000			4,000	8,000			
支払地代	10,000		2,000		12,000			
	3,200,000	3,200,000						
雑損			1,000		1,000			
貸倒引当金繰入			9,300		9,300			
減価償却費			45,000		45,000			
前受家賃				6,000				6,000
未収利息			1,000				1,000	
前払保険料			1,250				1,250	
貯蔵品			4,000				4,000	
未払地代				2,000				2,000
法人税等			50,000		50,000			
未払法人税等				50,000				50,000
当期純利益					113,950			113,950
			525,550	525,550	1,838,000	1,838,000	1,583,250	1,583,250

— 178 —

【総合問題3】

愛知株式会社（会計期間は20x7年4月1日から20x8年3月31日、決算年1回）の［資料1］決算整理前残高試算表および［資料2］決算整理事項等に基づいて、答案用紙の貸借対照表および損益計算書を完成しなさい。

［資料1］　　決算整理前残高試算表

借方	勘定科目	貸方
285,000	現　　　　　金	
	当　座　預　金	50,000
610,000	普　通　預　金	
300,000	売　　掛　　金	
45,000	仮 払 法 人 税 等	
140,000	繰　越　商　品	
500,000	建　　　　　物	
400,000	備　　　　　品	
200,000	土　　　　　地	
	買　　掛　　金	300,000
	社会保険料預り金	15,000
	貸　倒　引　当　金	5,000
	建物減価償却累計額	100,000
	備品減価償却累計額	120,000
	資　　本　　金	600,000
	繰 越 利 益 剰 余 金	100,000
	売　　　　　上	3,200,000
	受　取　手　数　料	65,000
1,010,000	仕　　　　　入	
600,000	給　　　　　料	
250,000	広　告　宣　伝　費	
27,000	保　　険　　料	
58,000	水　道　光　熱　費	
130,000	法　定　福　利　費	
4,555,000		4,555,000

［資料2］決算整理事項等

1. 現金の実際有高は¥274,000であった。帳簿残高との差額は¥10,000が水道光熱費の記帳漏れであることが判明した。残額については原因不明のため適切に処理することとする。

2. 当座預金の貸方残高全額を借入金勘定に振り替える。なお、取引銀行とは借越限度額¥1,000,000とする当座借越契約を結んでいる。

3. 売掛金¥60,000が普通預金口座に振り込まれていたが、この取引が未記帳であることが判明した。

4. 売掛金の期末残高に対して3％の貸倒れを見積もる。貸倒引当金の設定は差額補充法による。

5. 期末商品棚卸高は¥280,000である。

6. 有形固定資産の減価償却を次のとおり行う。
   建物：定額法（耐用年数20年、残存価額ゼロ）
   備品：定額法（耐用年数5年、残存価額ゼロ）

7. 保険料は、当期11月1日に向こう1年分を支払ったものである。前払分を月割で計上する。

8. 手数料の未収分が¥11,000ある。

9. 法定福利費の未払分が¥14,000ある。

10. 法人税等が¥100,000と計算されたが、仮払法人税等との差額を未払法人税等として計上する。

貸 借 対 照 表

20x8年 3 月31日　　　　　　　　　　　　　　（単位：円）

現　　　　金	（　　　　　）	買　掛　金	（　　　　　）	
普 通 預 金	（　　　　　）	社会保険料預り金	（　　　　　）	
売　掛　金（　　　　）		借　入　金	（　　　　　）	
（　　　　）△（　　　　）（　　　　　）		未 払 費 用	（　　　　　）	
商　　　　品	（　　　　　）	未払法人税等	（　　　　　）	
前 払 費 用	（　　　　　）	資　本　金	600,000	
未 収 収 益	（　　　　　）	繰越利益剰余金	（　　　　　）	
建　　　　物（　　　　）				
減価償却累計額△（　　　　）（　　　　　）				
備　　　　品（　　　　）				
減価償却累計額△（　　　　）（　　　　　）				
土　　　　地	200,000			
	（　　　　　）		（　　　　　）	

損 益 計 算 書

20x7年 4 月 1 日から20x8年 3 月31日　　　　　　　（単位：円）

売 上 原 価	（　　　　　）	売　　　　上	3,200,000
給　　　　料	600,000	受 取 手 数 料	（　　　　　）
広 告 宣 伝 費	250,000		
保　険　料	（　　　　　）		
水 道 光 熱 費	（　　　　　）		
法 定 福 利 費	（　　　　　）		
貸倒引当金繰入	（　　　　　）		
減 価 償 却 費	（　　　　　）		
雑（　　　）	（　　　　　）		
法 人 税 等	100,000		
当 期 純（　　　）	（　　　　　）		
	（　　　　　）		（　　　　　）

【解答・解説】

決算整理仕訳

	借　方　科　目	金　額	貸　方　科　目	金　額
1	水　道　光　熱　費 雑　　　　　　　損	10,000 1,000	現　　　　　　　金	11,000
2	当　座　預　金	50,000	借　　入　　金	50,000
3	普　通　預　金	60,000	売　　掛　　金	60,000
4	貸倒引当金繰入	2,200	貸　倒　引　当　金	2,200
5	仕　　　　　　　入 繰　越　商　品	140,000 280,000	繰　越　商　品 仕　　　　　　　入	140,000 280,000
6	減　価　償　却　費	105,000	建物減価償却累計額 備品減価償却累計額	25,000 80,000
7	前払費用(前払保険料)	15,750	保　　険　　料	15,750
8	未収収益(未収手数料)	11,000	受　取　手　数　料	11,000
9	法　定　福　利　費	14,000	未払費用(未払法定福利費)	14,000
10	法　人　税　等	100,000	仮　払　法　人　税　等 未　払　法　人　税　等	45,000 55,000

4．売掛金期末残高(資料1決算整理前残高試算表－3.売掛金回収)：300,000－60,000＝240,000
　貸倒引当金見積額240,000×0.03＝7,200
　貸倒引当金繰入額7,200－貸倒引当金期末残高5,000＝2,200

7．保険料の月割計算
　27,000÷12か月＝2,250
　4月から10月までの7か月が前払い計上となる。
　2,250×7＝15,750

貸　借　対　照　表

20x8年 3 月31日　　　　　　　　　　　　　　　（単位：円）

現　　　　　金		274,000	買　掛　　金	300,000
普　通　預　金		670,000	社会保険料預り金	15,000
売　　掛　　金	240,000		借　入　　金	50,000
貸 倒 引 当 金　△	7,200	232,800	未　払　費　用	14,000
商　　　　　品		280,000	未 払 法 人 税 等	55,000
前　払　費　用		15,750	資　　本　　金	600,000
未　収　収　益		11,000	繰越利益剰余金	1,224,550
建　　　　　物	500,000			
減価償却累計額　△	125,000	375,000		
備　　　　　品	400,000			
減価償却累計額　△	200,000	200,000		
土　　　　　地		200,000		
		2,258,550		2,258,550

損　益　計　算　書

20x7年 4 月 1 日から20x8年 3 月31日まで　　　　　　（単位：円）

売　上　原　価	870,000	売　　　　　上	3,200,000
給　　　　　料	600,000	受 取 手 数 料	76,000
広　告　宣　伝　費	250,000		
保　　険　　料	11,250		
水　道　光　熱　費	68,000		
法　定　福　利　費	144,000		
貸倒引当金繰入	2,200		
減　価　償　却　費	105,000		
雑（　損　　）	1,000		
法　人　税　等	100,000		
当期純（ 利益 ）	1,124,550		
	3,276,000		3,276,000

注意　繰越利益剰余金の金額は、決算整理前残高試算表の残高と当期純利益の金額とを合算した金額になります。

第23章　伝　票

23.1　証憑と伝票

ａ．証憑

　取引の事実を証明する書類にもとづいて行うことは取引の記帳である。この書類は証憑という。証憑には、取引先から送られてくる納品書（送り状）・請求書・領収証などの書類や取引先に渡した手形・小切手・納品書の控えなどがある。証憑は非常に重要な証拠書類なので、取引の順序や種類別に分類し、整理し、大切に保管しなければならない。

ｂ．伝票

　会社、商店など取引の内容を記録するさいに、一定の大きさと形式を備えた紙片を用意し、これに記入する方法がひろく用いられる。この方法で用いられる紙片を伝票という。伝票に取引を記入して、伝票を作成することを起票という、そして、この伝票記入に基づいて総勘定元帳や補助簿へ転記する。

23.2　仕訳伝票

　取引を仕訳の形式で、１取引ごとに１枚ずつ記入する伝票を仕訳伝票という。仕訳伝票には起票順に番号を記入するので、それをつづり合わせる仕訳帳の役割を果たすことができる。仕訳伝票だけを用いる方法を１伝票制という。

例題23－１

１月６日　熊本商店に次の商品を売り渡し代金のうち¥60,000は同店振り出しの小切手＃026で受け取り、残額は掛けとした。（伝票番号No.46）

　　　　　A品　　500個　　@¥350　　¥175,000

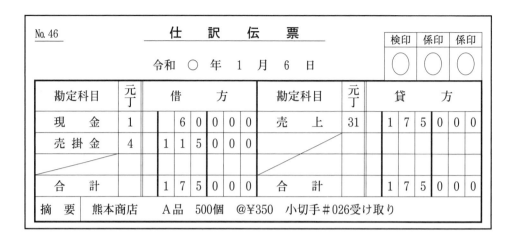

No. 46		仕 訳 伝 票									検印	係印	係印				
		令和 ○ 年 1 月 6 日									○	○	○				
勘定科目	元丁	借 方						勘定科目	元丁	貸 方							
現　　金	1			6	0	0	0	0	売　　上	31	1	7	5	0	0	0
売 掛 金	4		1	1	5	0	0	0								
合　　計			1	7	5	0	0	0	合　　計		1	7	5	0	0	0
摘　要		熊本商店　　A品　500個　@¥350　小切手♯026受け取り														

23. 3　伝票制

a．3伝票制

　取引は、現金の収支があったかどうかという点から分類すると、現金取引と振替取引に分けられる。現金取引には、入金取引と出金取引がある。入金取引は入金伝票、出金取引は出金伝票に記入し、入出金以外の振替取引は振替伝票に記入する。この三つの取引は、3種類の伝票に記入する方法であり、3伝票制という。

b．入金伝票の起票

　入金取引の借方科目は「現金」と仕訳する取引である。

　例えば、「福岡商店に次の商品を現金で売り上げた」という入金取引は、次のように仕訳する。

　（借）現　　金　×××　　　（貸）売　　上　×××

　入金伝票は、「現金」の科目を省略する、例えば、この取引を入金伝票に起票する場合、借方の「現金」は記入しないで、科目欄には相手勘定科目である貸方の「売上」を記入する、金額欄には入金額を記入する。

　（借）現　金　×××　　　（貸）売　上　×××
　　　　（省略）　　　　　　　　（貸方の勘定科目欄に記入する）

入金伝票　　　科目：売上

　伝票の種類は、色で分かり、入金伝票はふつう、赤色で印刷されている。なお、入金取引で貸方科目が二つ以上になった場合、貸方科目の1科目ごとに入金伝票を起票する。

例題23－2

1月25日　北川商店に次の商品を売り渡し、代金は現金で受け取った。（伝票番号No.7）

　　　　エンピツ　　60ダース　　@¥500　　¥30,000

　　　　1／25　（借）現　　　金　30,000　　（貸）売　　　上　30,000

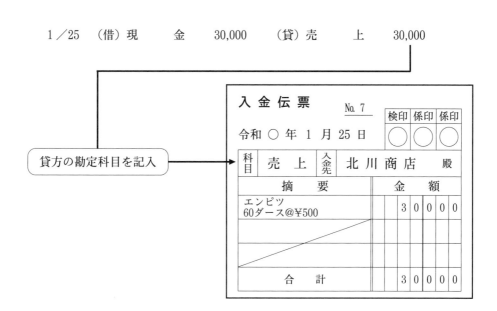

貸方の勘定科目を記入

入　金　伝　票　　No. 7

| | 検印 | 係印 | 係印 |
| | ○ | ○ | ○ |

令和　○　年　1　月　25　日

| 科目 | 売　上 | 入金先 | 北　川　商　店　　殿 |

摘　　要	金　　額
エンピツ 60ダース@¥500	3 0 0 0 0
合　　計	3 0 0 0 0

c．出金伝票の起票

　出金取引は、貸方科目が「現金」となる。例えば、「商品を現金で仕入れた」という出金取引は、次のように仕訳する。

　　（借）仕　　入　×××　　　（貸）現　　金　×××

　出金伝票は、貸方の「現金」が記入しない、相手勘定科目である借方の「仕入」を勘定欄に記入する。出金取引でも、借方科目が二つ以上になった場合は、借方の勘定科目ごとに出金伝票を起票する。

　出金伝票は、ふつう青色で印刷されている。

例題23－3

1月3日　北熊商店から次の商品を仕入れ、代金は現金で支払った。（伝票番号No.10）

　　　　バインダー4型　　30ダース　　@¥3,000　　¥90,000

1／3　（借）仕　　　入　　90,000　　（貸）現　　金　　90,000

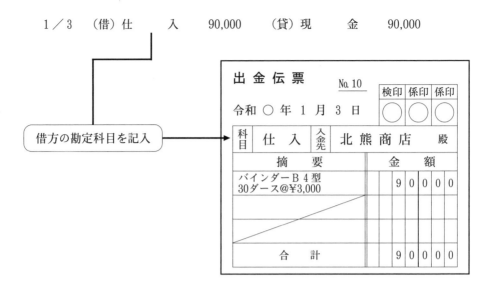

ｄ．振替伝票の起票

　振替取引は現金の収支をともなわない、振替伝票に仕訳の形式で記入する。振替伝票はふつう青色または黒色で印刷されている。

例題23－4

1月24日　春井商店に対する買掛金¥100,000を、小切手＃207を振り出して支払った。
　　　　　（伝票番号No.28）

1／24　（借）買　掛　金　　100,000　　　　（貸）当　座　預　金　　100,000

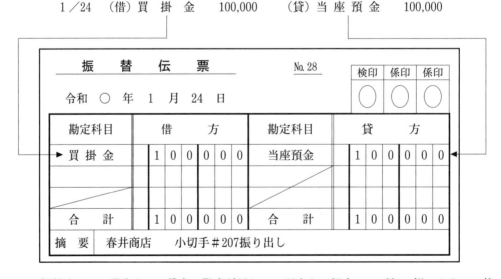

　一つの振替取引で、借方または貸方の勘定科目が二つ以上ある場合は、下記の例のように1枚の振替伝票に借方・貸方の勘定科目が1科目になるように記入する。このようにすると、伝票の分類・集計や総勘定元帳への転記が効率的にできる。

| | (借) 受 取 手 形 | 700 | (貸) 売　　　上 | 1,000 |
| | (借) 売　掛　金 | 300 | | |

振 替 伝 票	
受取手形　700　　売　上　700	

振 替 伝 票	
売 掛 金　300　　売　上　300	

　また、一つの取引に現金取引と振替取引が含まれている場合は、現金取引の部分について入金伝票または出金伝票に記入し、振替取引の部分については振替伝票に記入する。

　以上のように、一つの取引を二枚の伝票に記入するときは、伝票の種類や番号を記入しておくといい。

例題23－5

1月5日　福田商店に次の商品を売り上げ、代金のうち￥100,000は同店振り出しの約束手形＃11
　　　　で受け取った。(振替伝票番号No.24、入金伝票No.70)

　　　　SX万年筆　　10ダース　　@￥12,000　　￥120,000

	借方科目	金　額	貸方科目	金　額
1／5	受 取 手 形	100,000	売　　　上	120,000
	現　　　金	20,000		

　この仕訳を伝票に記入する場合、次のように二つ分けて、①は振替伝票に、②は入金伝票に記入する。＊伝票は略式で示す。

	借方科目	金　額	貸方科目	金　額
①	受 取 手 形	100,000	売　　　上	100,000
②	現　　　金	20,000	売　　　上	20,000

①の仕訳

振 替 伝 票　　No. 24	
1月5日	
受取手形　100,000　　売　上　100,000	

②の仕訳

入 金 伝 票　　No. 70	
1月5日	
売　　　上　　　　　　20,000	

　しかし、このような商品売買取引では、売上勘定に記入する金額が、一つの取引にもかかわらず二枚の伝票に分割されてしまうことになり、分類や集計などに不便である。そこで、このような取引については、いったん全額を掛け取引として振替伝票に記入し、次に代金の受け払いの額を別の伝票に記入する方法をとることが多い。

例題23－6

例題23－5の取引を、いったん全額掛け取引として振替伝票に記入し、次に、代金の受け払いを別の伝票に記入する方法で処理した。

この場合は、次のように分けて3枚の伝票に記入する。

① 全額を掛け取引として仕訳する

（借）売 掛 金 120,000 （貸）売 上 120,000……振替伝票へ

② 掛け代金の一部￥100,000を、約束手形で受け取った仕訳をする。

③（借）受 取 手 形 100,000 （貸）売 掛 金 100,000……振替伝票へ

④ 掛け代金の一部￥20,000を、現金で受け取った仕訳をする。

（借）現 金 20,000 （貸）売 掛 金 20,000……入金伝票へ

振 替 伝 票 No. 24	
1月5日	
売 掛 金 120,000	売 上 120,000
（福田商店）	

振 替 伝 票 No. 20	
1月5日	
受 取 手 形 100,000	売 掛 金 100,000
	（福田商店）

入 金 伝 票 No. 70
1月5日
売 掛 金 20,000
（福田商店）

商品の売買取引を、代金の決済方法にかかわらずいったん全額掛け取引として処理すると、売掛金元帳や買掛金元帳の記録から、取引先ごとの売上高や仕入高を容易に知ることができ、便利である。

振替伝票の形式には、次のように中央にミシン線を入れて、左側（借方票）と右側（貸方票）に切り離す形式のものもある。

この形式の伝票を用いると、総勘定元帳に転記する場合、同じ勘定科目を集計・転記するとき効率的である。

本書では、以下の形式の伝票を用いて学習する。

振　替　伝　票（借方）							No. 28
令和○年 1 月 24 日		検印 ○	係印 ○	係印 ○			
勘定科目	金　　額						
買　掛　金		1	0	0	0	0	0
合　　計		1	0	0	0	0	0
摘　要	春井商店						

振　替　伝　票（貸方）							No. 28
令和○年 1 月 24 日		検印 ○	係印 ○	係印 ○			
勘定科目	金　　額						
当座預金		1	0	0	0	0	0
合　　計		1	0	0	0	0	0
摘　要	小切手#207振り出し						

例題23－7

　福田商店の次の1月5日の取引について、入金伝票・出金伝票・振替伝票への記入を考えてみよう。ただし、商品の売買取引の記入は、全額を掛け取引として処理する方法による。＊伝票は略式で示す。

(1)　木村商店から商品¥200,000を仕入れ、代金のうち¥60,000は現金で支払い、残額は掛けとした。

(2)　山下商店に商品¥160,000を売り渡し、代金は掛けとした。

(3)　酒井商店に対する買掛金¥100,000を現金で支払った。

(4)　松本商店に商品¥250,000を売り渡し、代金のうち¥150,000は現金で受け取り、残額は掛けとした。

(5)　香取商店に対する売掛金¥160,000を、同店振り出しの小切手で受け取った。

(6)　野中商店から、商品¥180,000を掛けで仕入れた。

（解答）

(1)

振替伝票（借方）	No. 5	振替伝票（貸方）	No. 5
1月5日		1月5日	
仕　入　200,000		買 掛 金　200,000	
		（木村商店）	

出金伝票	No. 8
1月5日	
買 掛 金　60,000	
（木村商店）	

(2)

振替伝票（借方）	No. 6	振替伝票（貸方）	No. 6
1月5日		1月5日	
売 掛 金　160,000		売　　上　160,000	
（山下商店）			

(3)

出金伝票	No. 9
1月5日	
買 掛 金　100,000	
（酒井商店）	

(4)

振替伝票（借方）	No. 7	振替伝票（貸方）	No. 7
1月5日		1月5日	
売 掛 金　250,000		売　　上　250,000	
（松本商店）			

入金伝票	No. 3
1月5日	
売 掛 金　150,000	
（松本商店）	

(5)

入金伝票	No. 4
1月5日	
売 掛 金　160,000	
（香取商店）	

(6)

振替伝票（借方）	No. 18	振替伝票（貸方）	No. 18
1月5日		1月5日	
仕　入　180,000		買 掛 金　180,000	
		（野中商店）	

e．伝票の集計と転記

　伝票から総勘定元帳への転記は、1枚の伝票ごとに、総勘定元帳の各勘定口座に個別に転記（これを個別転記という）してもよい。しかし、伝票枚数が多くなると、個別に転記したのでは手数がかかり、誤りも生じやすい。そこで、毎日・毎週または月末に、伝票を分類・集計して仕訳集計表を作成し、そこから総勘定元帳に各勘定科目の合計金額で転記する（これを合計転記という）方法がとられることが多い。

　仕訳集計表の作成と総勘定元帳への転記は、次の手順で行う。
① 　入金伝票の金額を集計して、仕訳集計表の現金勘定の借方に記入する。
② 　出金伝票の金額を集計して、仕訳集計表の現金勘定の貸方に記入する。
③ 　③振替伝票の借方票と出金伝票の金額を、各勘定科目別に分類・集計して、仕訳集計表の各勘定科目の借方に記入する。
④ 　振替伝票の貸方票と入金伝票の金額を、各勘定科目別に分類・集計して、仕訳集計表の各勘定科目の貸方に記入する。
⑤ 　仕訳集計表の借方・貸方の金額を合計し、貸借の金額が一致することを確かめる。
⑥ 　仕訳集計表の各勘定科目の金額を、総勘定元帳に転記する。総勘定元帳の摘要欄には、「仕訳集計表」と記入する。
　転記後、仕訳集計表の元帳欄には、総勘定元帳の口座番号を記入する。

例題23－8

　西九州商店の1月7日の略式の伝票を種類ごとにまとめると次のようになる。これにもとづいて、仕訳集計表を作成し、総勘定元帳に転記しなさい。ただし、商品の売買取引の記入は、全額を掛け取引として処理する方法によっている。

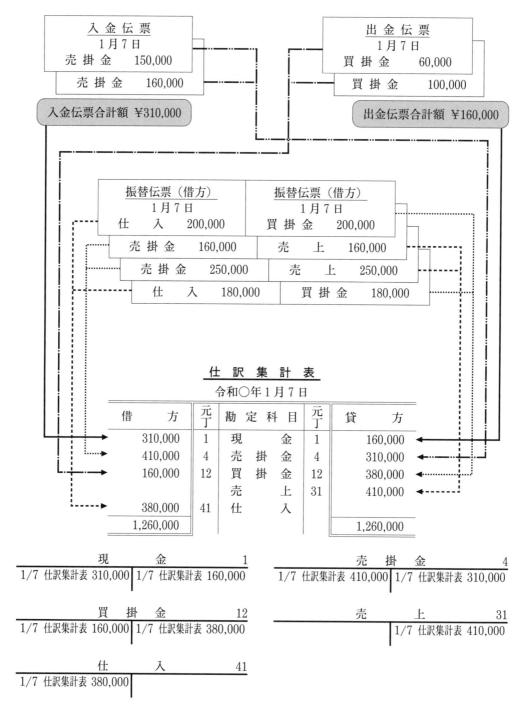

入　金　伝　票
1月7日
売　掛　金　　150,000
売　掛　金　　160,000

入金伝票合計額　¥310,000

出　金　伝　票
1月7日
買　掛　金　　60,000
買　掛　金　　100,000

出金伝票合計額　¥160,000

振替伝票（借方）		振替伝票（借方）	
1月7日		1月7日	
仕　　入　　200,000		買　掛　金　　200,000	
売　掛　金　　160,000		売　　上　　160,000	
売　掛　金　　250,000		売　　上　　250,000	
仕　　入　　180,000		買　掛　金　　180,000	

仕　訳　集　計　表

令和○年1月7日

借　　方	元丁	勘　定　科　目	元丁	貸　　方
310,000	1	現　　　　金	1	160,000
410,000	4	売　　掛　　金	4	310,000
160,000	12	買　　掛　　金	12	380,000
		売　　　　上	31	410,000
380,000	41	仕　　　　入		
1,260,000				1,260,000

現　　　　金　　　　1	
1/7 仕訳集計表 310,000	1/7 仕訳集計表 160,000

売　　掛　　金　　　4	
1/7 仕訳集計表 410,000	1/7 仕訳集計表 310,000

買　　掛　　金　　　12	
1/7 仕訳集計表 160,000	1/7 仕訳集計表 380,000

売　　　　上　　　　31	
	1/7 仕訳集計表 410,000

仕　　　　入　　　　41	
1/7 仕訳集計表 380,000	

なお、現金出納帳・売掛金元帳・買掛金元帳などの補助簿への記入は、個別に各伝票から行う。

23. 4　5 伝票制

　3 伝票制で利用した入金伝票、出金伝票、振替伝票の 3 つの伝票のほかに、仕入伝票と売上伝票を用いる方法は 5 伝票制という。

a．仕入伝票

　仕入取引を記入する伝票であり、仕訳上の借方科目は「仕入」、貸方科目は「買掛金」となる。

　一部現金取引があった場合でも、商品をいったん全額、掛けで仕入れたと擬制して伝票の記入をするために、仕入伝票に「現金」と記入されることはない。直ちに、その買掛金の一部を支払ったと考え、同時に出金伝票が作成される。

b．売上伝票

　売上取引を記入する伝票である。仕訳上の借方科目は「売掛金」、貸方科目は「売上」になる。

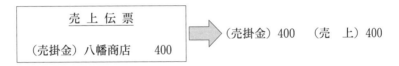

　一部現金取引があった場合でも、商品をいったん全額、掛けで販売したと擬制して伝票の記入をするために、売上伝票に「現金」と記入されることはない。直ちに、その売掛金の一部を受け取ったと考え、同時に入金伝票が作成される。

c．返品と値引き

　返品と値引きについては、本来、伝票に赤字で記入される。但し、簿記検定 2 級ではゴシック体（太字）で、「戻し」や「戻り」または「値引き」などが記入されている。

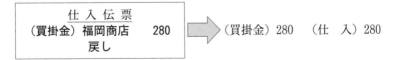

<table>
<tr><td colspan="2" style="text-align:center">売 上 伝 票</td></tr>
<tr><td>（売掛金）東京商店
戻り</td><td>120</td></tr>
</table>

売 上 伝 票	
（売掛金）東京商店　120 戻り	　（売　上）120　（売掛金）120

例題23－9

次の取引の伝票を作成しなさい。

9月6日　唐津商店に次の商品を売り渡し、代金のうち¥35,000は同店振り出しの小切手♯102で
　　　　受け取り、残額は掛けとした。

　　　　A品　　300個　　@¥350　　¥105,000

　　7日　津田商店から次の商品を仕入れ、代金のうち¥30,000は当店振り出しの約束手形♯32で
　　　　支払い、残額は掛けとした。

　　　　B品　　100個　　@¥430　　¥43,000

　　25日　津田商店の買掛金¥13,000を現金で支払った。

入 金 伝 票			
令和○年　　月　　日			No.
科目		入金先	殿
摘　　要		金　　額	
合　　計			

出 金 伝 票			
令和○年　　月　　日			No.
科目		支払先	殿
摘　　要		金　　額	
合　　計			

仕 入 伝 票					
令和○年　　月　　日					No.
品　　名	数　量	単　　価	金　　額	摘　　要	
合　　計					

売 上 伝 票					
令和○年　　月　　日					No.
品　　名	数　量	単　　価	金　　額	摘　　要	
合　　計					

振 替 伝 票					
令和○年　　月　　日					No.
勘 定 科 目	金　　額		勘 定 科 目	金　　額	
合　　計			合　　計		

例題23−10

次の伝票に基づいて、仕訳を示しなさい。

<table>
<tr><td colspan="2" align="center">売 上 伝 票</td></tr>
<tr><td colspan="2" align="center">令和○年11月5日</td></tr>
<tr><td>福岡商店（掛）</td><td align="right">36,000</td></tr>
</table>

<table>
<tr><td colspan="2" align="center">入 金 伝 票</td></tr>
<tr><td colspan="2" align="center">令和○年11月6日</td></tr>
<tr><td>福岡商店（掛）</td><td align="right">20,000</td></tr>
</table>

	借　　方	貸　　方
11/5		
11/6		

例題23−11

令和○年5月2日に商品¥80,000を仕入れ、代金のうち¥20,000は現金で支払い、残額は掛けとした。この取引については、(1)と(2)の2つの起票の方法があるが、それぞれの（　）に適当な語または金額を記入しなさい。

(1)

<table>
<tr><td colspan="2" align="center">（　　　）伝　票</td></tr>
<tr><td colspan="2" align="center">令和○年5月2日</td></tr>
<tr><td>仕　　　入</td><td align="right">20,000</td></tr>
</table>

<table>
<tr><td colspan="4" align="center">（　　　）伝　票</td></tr>
<tr><td colspan="4" align="center">令和○年5月2日</td></tr>
<tr><td>借方科目</td><td>金　　額</td><td>貸方科目</td><td>金　　額</td></tr>
<tr><td>（　　　）</td><td>（　　　）</td><td>（　　　）</td><td>（　　　）</td></tr>
</table>

(2)

<table>
<tr><td colspan="2" align="center">（　　）伝　票</td></tr>
<tr><td colspan="2" align="center">令和○年5月2日</td></tr>
<tr><td>（　　　）</td><td>（　　　）</td></tr>
</table>

<table>
<tr><td colspan="4" align="center">（　　）伝　票</td></tr>
<tr><td colspan="4" align="center">令和○年5月2日</td></tr>
<tr><td>借方科目</td><td>金　　額</td><td>貸方科目</td><td>金　　額</td></tr>
<tr><td>（　　　）</td><td>80,000</td><td>買　掛　金</td><td>80,000</td></tr>
</table>

例題23−12

商品を¥100,000で売り上げ、代金のうち¥30,000は現金で支払い、残額を掛けとした取引について、入金伝票を(1)のように作成した場合と(2)のように作成した場合のそれぞれについて、解答用紙の振替伝票の記入を示しなさい。

(1)

入　金　伝　票	
売　　　上	30,000

(2)

入　金　伝　票	
売　掛　金	30,000

(1)

振　替　伝　票			
借方科目	金　額	貸方科目	金　額

(2)

振　替　伝　票			
借方科目	金　額	貸方科目	金　額

補章 2　日商簿記検定試験 3 級　問題改定の要点整理

補 2 . 1　基本的な考え方

　簿記検定 3 級における出題内容の改定は、2 つの段階を踏んでいる。第 1 の改定は2018年度（平成30年度）が完成年度であった。そこでは、3 級については、簿記学習の初期段階であり「教育現場への影響の大きさを考慮し最小限の改定にとどめ」（日本商工会議所［2018］『商工会議所簿記検定出題区分表などの改定について』,p.1：以下、出題区分表等改定と略称する）られた。そして更に日本商工会議所は第 2 の改定として、「現代のビジネススタイルの変化により適合し、実際の企業活動や会計実務を織り込んだ実践的な出題内容に進化することで、簿記の学習者のニーズに応えられるよう、出題内容および級ごとの出題範囲を改定」（出題区分表等改定，p.1）した。適用は2019年（平成31年）4 月 1 日からであるため、実施回としては152回（6 月検定）からの適用となった。日本商工会議所はこの改定の基本姿勢について次の 5 項目を示している（出題区分表等改定,p.1）。

① これまで 3 級の出題は個人商店を前提としていたが、今後は小規模の株式会社を前提としたものに改めること。
② 現代のビジネス社会における新しい取引を 3 級にも盛り込む一方で、ビジネススタイルや情報技術の進展にともない、現在の実務との間に乖離が生じている項目については、整理・削除を行うこと。
③ 従来の「区分表」では 2 級以上で出題する論点であっても、企業実務において重要度が高いと判断される論点については、難易度を調整のうえ 3 級へ移行すること。
④ 初学者にとって学習上の支障となりやすく、かつ実用性に乏しい論点についても整理・削除を行うこと。
⑤ 段階的に簿記に関する理解を深めながら知識・スキルの修得ができるよう、「簿記初級」および 2 級との連続性を考慮し、整合性を保つことができるようにすること。

補2.2　検定試験への反映

a．変更点総論

　以上のような改定の趣旨を踏まえて、それが検定試験へどのように反映されるのかについて全般的に概観しておく。出題区分表等改定では次のように述べられている（出題区分表等改定,p.3）。

　従来の3級における個人商店を前提とした出題は、簡易な簿記の能力を確認するという3級の位置づけおよび日本において個人事業主の数の方が多いことに即したものであった。その一方で、検定試験を長年続ける中で次のような課題も浮き彫りとなっている。

① 簿記の能力を確認するという本検定試験の役割からすれば、個人商店よりも株式会社会計の重要性が高い。
② 純資産や個人事業主の所得税の処理に関して、株式会社を前提とした2級以上と内容の連続性を確保できておらず、受験者の負担となっている。
③ 現代において個人事業主ではあまり用いられていない当座預金や小切手および約束手形の振出しが従来の3級の出題範囲に含まれており、個人事業主の活動に即していない。また、従来の3級の純資産や一部の損益についても、個人事業主の実務で主に採用されている所得税法等にもとづく処理と大きな乖離がある。仮に所得税法等の処理に3級の内容を近づけると2級以上との不連続性がさらに大きくなる。
④ クレジットカード決済による販売など、今まで株式会社を前提として2級以上で出題していた取引が個人事業主でも見られるようになった。

　そこで、本検定の役割および個人事業主の簿記実務のみに絞った出題が困難であるという実態を踏まえ、今回の改定において小規模の株式会社を前提とした出題を行うこととした。この改定により、小規模の株式会社で見られる取引を3級の範囲とする一方で、個人事業主を前提とした資本金や所得税の処理、ならびに自店発行の商品券などを3級の範囲から除いている。また、従来は所得税の暦年課税を踏まえて基本的に12月決算の出題を行ってきたが、今後は株式会社で多く見られる3月決算の出題が基本となることを留意されたい。

　今回の改定は、上記の①〜④の課題に対応する目的で行われたと考えられる。すなわち、①株式会社の重要性の高まりへの対応目的、②2級以上が株式会社を対象としていることを踏まえての連続性確保への対応目的、③小切手や手形取引が主に株式会社における取引であったことへの対応目的、および④クレジットカード決済が株式会社を中心に拡大してきたことへの対応目的である。すべて株式会社と対応目的をキーワードとして簡潔にまとめることができる。すなわち、ここで述べられている改定の理由は、**株式会社会計への対応目的**として一つにくくることができる。

更に冒頭の①～⑤の基本姿勢及び次節の内容を検討すると、**広く一般的に行われている会計への対応目的と学習者の理解可能性向上への対応目的**という、2つの目的も含まれている。したがって、再度整理すると、次の3つの目的がある。この3点を踏まえると、今回の改定の意義がよく見えてくる。次項ではこの3点が根底にあることを意識して読むと、より理解が深まると思われる。

① 株式会社会計への対応目的

② 広く一般的に行われている会計への対応目的

③ 学習者の理解可能性向上への対応目的

以下に、出題内容が変更される具体的な項目について、述べていく。

b．変更点各論

(1) 簿記の基本原理

① 基礎概念

簿記検定3級では、小規模の株式会社を前提としていることから、純資産項目は資本金と利益剰余金のみを取り扱うことになっている。したがって、基礎概念としては純資産全体ではなく、株主から受け入れた払込資本と損益計算を経由した稼得資本の2項目だけが範囲となる。また、3級においては「『純資産』の名称を問う出題は行わないが、問題や解答用紙の貸借対照表において『純資産』の名称を用いることがある」（出題区分表等改定,p.4）と記されている。つまり、純資産は表示に限定された使用となっている。

(2) 諸取引の処理

① 現金預金

これまでは、得意先および仕入先に限定して人名勘定や補助元帳を用いた記録の出題が行われてきたが、銀行預金口座においても口座種別や銀行名などを勘定科目として使用する出題が行われることになった。実務の内容に即しての改定である。

また、当座借越勘定についても改定されている。期中においては当座預金勘定のみを使用し、決算時点において当座預金勘定が貸方残高となった場合に、当座借越勘定などの適切な負債勘定に振り替える処理を行うように変更された。この処理は、期中処理の煩雑さを回避するためであるが、これも一般的な実務に合わせたための改定である。

② 有価証券

有価証券については、すべて2級以上での出題となった。これは、これまで出題されてきた期中の売買取引のみの学習では、一貫した有価証券取引の理解に繋がらないという理由からの改定である。したがって、2級以上において一貫した学習ができるような出題区分となった。

③ その他の債権債務

商品券（負債）が3級から除外されている。これは、負債としての商品券は、実務において信用力の高い特定の企業や百貨店などでしか扱われていないことを踏まえての改定で

ある。また、他店商品券については、「受取商品券」を使用することが標準となった。

その他、「差入保証金」が追加されている。これは不動産の賃借における敷金などの保証金を差し入れることがあるためである。ただし、保証金の償却は2級以上での出題となっている。

④ 手形と類似の債権債務

「電子記録債権」・「電子記録債務」が新たに3級に加えられている。これは、利便性や印紙税が不要といった理由から今後も利用件数が増えることを予想して、2級から3級への出題移行となった。

⑤ 債権の譲渡

新たに「クレジット売掛金」が加えられている。これは、小規模会社においても主に小売店ではクレジットカード決済が導入されている現状をふまえ、2級から3級への出題移行となった。

また、手形の裏書譲渡と割引が削除された。これは、債権の売却による資金調達を一括して2級から取り扱うという学習体系の整理である。

⑥ 商品

仕入・売上における返品・値引から、値引が除外されている。これは、値引は商品の不良などが原因であるため、返品や良品との取り替えで対応しているのが一般的であることからである。また、商品有高帳の作成において、返品と値引では払出単価への影響が異なり、学習者の負担になっている。必要性が低いのに負担が重い論点であるための除外である。

⑦ 有形固定資産

減価償却の記帳法から直接法が除外されている。これは、財産管理や財務諸表作成目的から取得価額と減価償却累計額を別の勘定として設定することが望ましいとの判断からである。また、近年は直接法による出題がほとんどないことも理由として挙げられる。

その他、「固定資産台帳」が新たに追加されている。これは、実務において財産管理や減価償却費計算を目的として固定資産台帳が重要な補助簿として用いられているためである。

⑧ リース取引

今回の改定では出題が見合わされている。これは、今後リース取引に関する会計基準が、IFRSとのコンバージェンスにより改定されることを鑑みての判断である。商工会議所は、会計基準のコンバージェンス等の動向を踏まえて将来見直しを行うことを示唆している。

⑨ 純資産（資本）

個人商店を想定した資本金および引出金の処理が除外されている。これは、3級が小規模の株式会社を前提とした出題に変更されたことを受けての除外である。

⑩ 収益と費用

「福利厚生費」が加えられている。これは、小規模な株式会社であっても、社会保険料

は生じることから、その必要性が高いとの判断からである。これまでは、企業負担分の費用処理について勘定科目が、「勘定科目表」に記載されていなかったため、3級の出題範囲であるかどうかが不明であった。今回の改訂でそれが明確となった。

その他、「役務費用」が「役務原価」に改められている。これは、2016年度（平成28年度）よりサービス業を想定し、役務収益・役務費用が追加されたが、役務費用は商品売買業における売上原価に相当するものであるため、原価という用語に改められている。

⑪ 税金

「所得税」が除外され、新たに「法人税・住民税・事業税」が加えられている。これは、まず前者の除外については個人商店の事業所得に対する税金であることからの除外である。後者の追加については、株式会社の利益に対して課税されるのは法人税・住民税・事業税であることからの追加である。なお、簡易な内容とするとされている。具体的には、決算整理において税額は、税引前利益に税率を掛け合わせて算出し、確定申告による納付（未払法人税等の支払）および中間申告（仮払法人税等）に関する問題に限定されている。

その他、消費税が加えられている。これは、消費税が企業規模に関わらず必然的に生じており、3級受験者にとっても重要だとの判断からである。なお、出題は税抜方式に限定した出題であり、受験者への配慮として、売上高の桁数を小さくするなどの申し合わせ事項がある。

(3) 決算

① 精算表

6桁精算表が出題されないことが明言されている。4級の終了にともない3級の出題に含められたが、今後すべての級において出題の予定はなく、除外するとされた。ただし、学習の過程では必要だと思われる。

② 決算整理（当座借越・消耗品・貯蔵品・繰延と見越）

貸方残高で決算を迎えた当座預金勘定について、その残高を当座借越勘定もしくは、借入金勘定へ振り替える処理が加えられた。これは上記(2)－①の変更に伴い追加された処理である。

また、消耗品について、未使用残高を消耗品（購入時に消耗品費勘定で処理）または、消費額を消耗品費（購入時に消耗品勘定で処理）に振り替える処理が除外された。これは、購入時に消耗品費勘定で処理をし、たとえ期末に物品が残っていても資産へ振り替える処理は行わないのが一般的である。このことを受けて、すべての級において消耗品は購入時費用処理・決算時資産非計上としている。

さらに、決算において郵便切手や収入印紙を貯蔵品勘定へ振り替える方法が加えられた。これは、小規模な会社においても郵便切手や収入印紙は換金性が高いとして、財産管理や税務申告の観点から、厳密な資産計上をすることがある状況を受けての追加である。

その他、「収益・費用の繰延と見越」が「収益・費用の前払い・前受けと未収・未払い」

に改められた。これは、繰延と見越は3級受験者にとって理解しにくい考え方・表現であったことからの改定である。

③ 月次決算

簡易な内容に限定して「月次決算による場合の処理」が2級から3級へ移行された。これは、小規模な株式会社においても企業によっては、月次決算を行い、適宜に業績評価を行っている現状を受けての追加である。

④ 決算整理後残高試算表

決算整理後残高試算表が新たに追加された。これは、実務上、決算整理後の各勘定残高を一覧で確認できることや、貸借対照表・損益計算書作成目的でも重要な集計表だと考えられるための追加である。

⑤ 純損益の繰越利益剰余金勘定への振替

当期純損益の損益勘定から資本金勘定への振替が、繰越利益剰余金勘定への振替に変更された。これは、前述の通り個人商店から小規模株式会社へと出題が変更されたことを受けての改定である。

⑥ 繰越試算表

繰越試算表が除外された。これは、会計システムを導入している今日では、貸借不一致を確認する必要がほとんど無いためである。繰越試算表の役割は、決算整理仕訳および決算振替仕訳の勘定残高の貸借不一致を確認した上で、貸借対照表を作成するというものである。しかし現状では、この手続きを省略し、決算整理後残高試算表から作成するのが一般的となっているとの判断からである。

⑦ 株式会社会計

これまでにも述べたように、株式会社の資本金と利益剰余金が出題範囲となった。そのため、剰余金の配当および利益準備金の積立も範囲となる。ただし、3級受験者への配慮として、任意積立金および利益準備金積立額の算定は除外されている。したがって、剰余金の処分については、繰越利益剰余金からの配当に限定され、利益準備金積立額も金額が明示されることになっている。

なお、純資産額が300万円を下回る株式会社は、会社法の制限により、配当することはできないが、出題においては、300万円を下回る株式会社であっても、問題文の指示により配当を行ったものとして処理することになっている。

　改定の目的や内容が十分に周知され定着するまでには相当の期間を要すると予想される。特に2019年度は、サンプル問題は示されているものの十分な過去問題による対策がとれない中での受験となった。検定試験の内容や形式がある程度定着するまでは、ここで検討した内容を十分に踏まえて、受験に臨んでいただきたい。

補2.3 新たに追加・変更される取引と仕訳

　ここでは、進出問題については日本商工会議所が示したサンプル問題を、2級から3級へ移行された問題については2級の過去問題を基に、仕訳だけに絞って例題による確認を行う。

例題1　次の複数口座の管理に関する取引の仕訳をしなさい。
(1) 売掛金￥100,000について、得意先より中村銀行普通預金口座へ振り込まれた。
(2) 中村銀行の普通預金口座から共立銀行の普通預金口座へ￥400,000を振り込みにより移動した。また、振込手数料として￥400が引き落とされた。

	借　方　科　目	金　　　　額	貸　方　科　目	金　　　　額
(1)	普通預金中村銀行	100,000	売　　掛　　金	100,000
(2)	普通預金共立銀行 支　払　手　数　料	400,000 400	普通預金中村銀行	400,400

例題2　次の商品券に関する取引の仕訳をしなさい。
(1) 商品￥70,000を売り上げ、代金として同額の自治体発行の商品券を受け取った。
(2) かねて売上代金として受け取った自治体発行の商品券￥300,000を引き渡して換金請求を行い、ただちに同額が普通預金口座へ振り込まれた。

	借　方　科　目	金　　　　額	貸　方　科　目	金　　　　額
(1)	受　取　商　品　券	70,000	売　　　　　上	70,000
(2)	普　通　預　金	300,000	受　取　商　品　券	300,000

例題3　次の差し入れ保証金に関する取引の仕訳をしなさい。
(1) 店舗の賃借にあたり、敷金￥480,000、不動産会社への手数料￥80,000、1ヵ月分の家賃￥80,000を普通預金口座から振り込んだ。

	借　方　科　目	金　　　　額	貸　方　科　目	金　　　　額
(1)	差　入　保　証　金 支　払　手　数　料 支　払　家　賃	480,000 80,000 80,000	普　通　預　金	640,000

例題4 次の債権譲渡に関する取引の仕訳をしなさい。

(1) 売掛金¥500,000を¥450,000で売却し、代金は普通預金口座に振り込まれた。

	借 方 科 目	金 額	貸 方 科 目	金 額
(1)	普 通 預 金 債 権 売 却 損	450,000 50,000	売 掛 金	500,000

例題5 次の電子記録債権・債務に関する取引の仕訳をしなさい。

(1) 佐賀商会に対する売掛金¥30,000について、同社の承諾を得て、電子記録債権の発生記録が行われた。

(2) 佐賀商会に対する電子記録債権¥30,000について、支払期日が到来し、当座預金口座に振り込まれた。

(3) 福岡商会に対する買掛金¥30,000について、同社の承諾を得て、電子記録債務の発生記録が行われた。

(4) 福岡商会に対する電子記録債債務¥30,000について、支払期日が到来し、当座預金口座から引き落とされた。

	借 方 科 目	金 額	貸 方 科 目	金 額
(1)	電 子 記 録 債 権	30,000	売 掛 金	30,000
(2)	当 座 預 金	30,000	電 子 記 録 債 権	30,000
(3)	買 掛 金	30,000	電 子 記 録 債 務	30,000
(4)	電 子 記 録 債 務	30,000	当 座 預 金	30,000

例題6 次のクレジット売掛金に関する取引の仕訳をしなさい。

(1) 商品¥8,000をクレジット払いの条件で販売した。なお、信販会社への手数料（販売代金の4％）は、販売時に計上する。

(2) 4％の手数料が差し引かれた残額¥7,680が、信販会社から当社の当座預金口座に振り込まれた。

	借 方 科 目	金 額	貸 方 科 目	金 額
(1)	クレジット売掛金 支 払 手 数 料	7,680 320	売 上	8,000
(2)	当 座 預 金	7,680	クレジット売掛金	7,680

例題7　次の法定福利費に関する取引の仕訳をしなさい。

(1) 給料¥400,000について、従業員負担の健康保険料¥20,000および厚生年金保険料¥30,000を控除した残額を普通預金口座から振り込んだ。

(2) 健康保険料および厚生年金保険料について、(1)の従業員負担額に会社負担額（従業員負担額と同額)を加えて普通預金口座から振り込んで納付した。

	借　方　科　目	金　　　　　額	貸　方　科　目	金　　　　　額
(1)	給　　　　　料	400,000	社会保険料預り金 普　通　預　金	50,000 350,000
(2)	社会保険料預り金 法　定　福　利　費	50,000 50,000	普　通　預　金	100,000

例題8　次の法人税・住民税・事業税に関する取引の仕訳をしなさい。

(1) 法人税の中間申告を行い、中間納付として、¥210,000を現金で支払った。

(2) 決算において、確定した法人税・住民税・事業税の金額は¥600,000であった。なお、中間納付額として¥210,000を先に納付している。

(3) 法人税の未払分¥390,000について小切手を振り出して支払った。

	借　方　科　目	金　　　　　額	貸　方　科　目	金　　　　　額
(1)	仮　払　法　人　税　等	210,000	現　　　　　金	210,000
(2)	法人税・住民税・事業税	600,000	仮　払　法　人　税　等 未　払　法　人　税　等	210,000 390,000
(3)	未　払　法　人　税　等	390,000	当　座　預　金	390,000

例題9　次の消費税に関する取引の仕訳をしなさい（税抜方式）。なお、消費税の税率は10%である。

(1) 商品¥7,700（税込）を仕入れ、代金は現金で支払った。

(2) 商品¥11,000（税込）を売り上げ、代金は現金で受け取った。

(3) 決算をむかえ、消費税に関する処理を行った。

	借　方　科　目	金　　　　　額	貸　方　科　目	金　　　　　額
(1)	仕　　　　　入 仮　払　消　費　税	7,000 700	現　　　　　金	7,700
(2)	現　　　　　金	11,000	売　　　　　上 仮　受　消　費　税	10,000 1,000
(3)	仮　受　消　費　税	1,000	仮　払　消　費　税 未　払　消　費　税	700 300

例題10　次の当座借越の振替に関する取引の仕訳をしなさい。

(1) 決算において当座預金勘定の残高が¥400,000（貸方）となっているが、これは全額が当座借越によるものであるため、適切な勘定へ振り替える。

(2) 期首において当座借越勘定の残高¥400,000を適切な資産の勘定へ再振替仕訳を行った。

	借　方　科　目	金　　　　　額	貸　方　科　目	金　　　　　額
(1)	当　座　預　金	400,000	当　座　借　越	400,000
(2)	当　座　借　越	400,000	当　座　預　金	400,000

例題11　次の貯蔵品の購入と棚卸に関する取引の仕訳をしなさい。

(1) 収入印紙¥9,000 を購入し、代金は現金で支払った。

(2) 期末において未使用の収入印紙が¥7,000 あった。

(3) 期首において未使用の収入印紙¥7,000 を適切な費用の勘定へ再振替の仕訳を行った。

	借　方　科　目	金　　　　　額	貸　方　科　目	金　　　　　額
(1)	租　税　公　課	9,000	現　　　　　金	9,000
(2)	貯　　蔵　　品	7,000	租　税　公　課	7,000
(3)	租　税　公　課	7,000	貯　　蔵　　品	7,000

例題12　次の純資産の増減（資本の調達・純損益の計上・利益の配当）に関する仕訳をしなさい。

(1) 株式会社福岡商事の設立にあたり、1 株当たり¥50,000で株式を100株発行し、出資者より現金を受け取った。発行価額の全額を資本金とする。

(2) 決算において、当期純利益が¥250,000計上された。

(3) 株主総会で¥100,000の配当を行うことが決議された。なお、利益準備金¥10,000を積み立てる。

	借　方　科　目	金　　　　　額	貸　方　科　目	金　　　　　額
(1)	現　　　　　金	5,000,000	資　　本　　金	5,000,000
(2)	損　　　　　益	250,000	繰越利益剰余金	250,000
(3)	繰越利益剰余金	110,000	未　払　配　当　金 利　益　準　備　金	100,000 10,000

対策問題： 6月簿記検定問題

第1問

次の取引を仕訳しなさい。ただし、勘定科目は、次の中から最も適当と思われるものを選び、正確に記入すること。

普通預金	当座預金	受取手形	売掛金	立替金
仮払金	手形貸付金	建物	備品	土地
支払手形	買掛金	未払金	手形借入金	資本金
給料	消耗品費	旅費交通費	租税公課	支払利息

1．建物および土地の固定資産税¥200,000の納付書を受け取り、未払金に計上することなく、ただちに当座預金口座から振り込んで納付した。
2．かねて手形を振り出して借り入れていた¥800,000の返済期日をむかえ、同額が当座預金口座から引き落とされるとともに手形の返却を受けた。
3．従業員が出張から帰社し、旅費の精算をしたところ、あらかじめ概算額で仮払いしていた¥60,000では足りず、不足額¥30,000を従業員が立替払いしていた。なお、この不足額は給料の支払い時に従業員に支払うため、未払金として計上した。
4．1株あたり¥50,000で100株の株式を発行し、合計¥5,000,000の払込を受けて株式会社を設立した。払込金はすべて普通預金口座に預け入れられた。
5．事務用のオフィス機器¥500,000とコピー用紙¥6,000を購入し、代金の合計を普通預金口座から振り込んだ。

	借方科目	金　額	貸方科目	金　額
1				
2				
3				
4				
5				

第2問

次の［資料］に基づいて、問に答えなさい。

［資料］X1年5月中の取引

　2日　先月に愛知商事株式会社から掛けで仕入れた商品¥30,000を品違いのため返品し、同社に対する掛代金から差し引いた。

　16日　土地160㎡を1㎡あたり¥50,000で取得し、代金は小切手を振り出して支払った。なお、整地費用¥160,000は現金で支払った。

　18日　鹿児島商会株式会社に商品¥600,000を売り上げ、代金のうち¥100,000は注文時に同社から受け取った手付金と相殺し、残額は掛けとした。なお、同社負担の発送費¥3,500は現金で立て替え払いしたので、この分は掛代金に含めることとした。

　25日　滋賀商事株式会社に対する売掛金（前期販売分）¥420,000が貸し倒れた。なお、貸倒引当金の残高は¥200,000である。

問1　X1年5月中の取引が、答案用紙に示されたどの補助簿に記入されるか答えなさい。なお、解答にあたっては、各取引が記入されるすべての補助簿の欄に○印をつけること。

問2　X1年10月30日に、X1年5月16日に取得した土地すべてを1㎡あたり¥60,000で売却した。この売却取引から生じた固定資産売却損益の金額を答えなさい。なお、答案用紙の（　　　）内の損か益かのいずれかに○印をつけること。

問1

補助簿 / 日付	現金出納帳	当座預金出納帳	商品有高帳	売掛金元帳（得意先元帳）	買掛金元帳（仕入先元帳）	仕入帳	売上帳	固定資産台帳
2日								
16日								
18日								
25日								

問2　¥（　　　　　　　　　　　）の固定資産売却（　損　・　益　）

第3問

次の［資料1］と［資料2］に基づいて、答案用紙の令和X1年6月30日の残高試算表を作成しなさい。

［資料1］令和X1年5月31日の残高試算表

残 高 試 算 表
令和X1年5月31日

借　　方	勘　定　科　目	貸　　方
550,000	現　　　　　　金	
1,400,000	当　座　預　金	
700,000	受　取　手　形	
750,000	ク レ ジ ッ ト 売 掛 金	
68,000	前　　払　　金	
350,000	繰　越　商　品	
240,000	貸　　付　　金	
550,000	備　　　　　品	
180,000	差　入　保　証　金	
	支　払　手　形	380,000
	買　　掛　　金	530,000
	所　得　税　預　り　金	30,000
	貸　倒　引　当　金	190,000
	備品減価償却累計額	200,000
	資　　本　　金	1,000,000
	繰　越　利　益　剰　余　金	990,000
	売　　　　　上	7,350,000
2,200,000	仕　　　　　入	
1,300,000	給　　　　　料	
510,000	水　道　光　熱　費	
1,500,000	支　払　家　賃	
250,000	支　払　手　数　料	
122,000	消　耗　品　費	
10,670,000		10,670,000

［資料2］令和X1年6月中の取引

1日　貸付金¥240,000の満期日になり、元利合計が当座預金口座に振り込まれた。なお、貸付利率は年3%、貸付期間は3ヵ月であり、利息は月割計算する。

2日　商品¥230,000を仕入れ、代金のうち¥68,000は注文時に支払った手付金と相殺し、残額は掛けとした。

3日　商品¥500,000をクレジット払いの条件で販売するとともに、信販会社への手数料（販売代金の4%）を計上した。

5日　買掛金¥200,000の支払いとして、同額の約束手形を振り出した。

6日　先月の給料にかかる所得税の源泉徴収額¥30,000を現金で納付した。

8日　オフィス拡張につき、ビルの4階部分を1ヵ月あたり¥150,000で賃借する契約を不動産会社と締結し、保証金（敷金）¥300,000と不動産業者に対する仲介手数料¥150,000を当座預金口座から支払った。

12日　商品¥350,000を仕入れ、代金として同額の約束手形を振り出した。

13日　商品¥260,000を売り上げ、代金として相手先が振り出した約束手形を受け取った。

16日　支払手形¥200,000が決済され、当座預金口座から引き落とされた。

19日　クレジット売掛金¥750,000が当座預金口座に振り込まれた。

20日　給料¥380,000の支払いに際して、所得税の源泉徴収額¥60,000を差し引き、残額を当座預金口座から支払った。

21日　受取手形¥490,000が決済され、当座預金口座に振り込まれた。

22日　水道光熱費¥65,000と家賃¥350,000が当座預金口座から引き落とされた。

26日　買掛金¥190,000を当座預金口座から支払った。

27日　商品を購入する契約を締結し、手付金として現金¥30,000を支払った。

残 高 試 算 表

令和X1年 6 月30日

借　　　方	勘　定　科　目	貸　　　方
	現　　　　　　　金	
	当　座　預　金	
	受　取　手　形	
	ク レ ジ ッ ト 売 掛 金	
	前　　払　　金	
	繰　越　商　品	
550,000	備　　　　　　　品	
	差　入　保　証　金	
	支　払　手　形	
	買　　掛　　金	
	所　得　税　預　り　金	
	貸　倒　引　当　金	190,000
	備 品 減 価 償 却 累 計 額	200,000
	資　　本　　金	1,000,000
	繰　越　利　益　剰　余　金	990,000
	売　　　　　　　上	
	受　取　利　息	
	仕　　　　　　　入	
	給　　　　　　　料	
	水　道　光　熱　費	
	支　払　家　賃	
	支　払　手　数　料	
	消　耗　品　費	

第4問

次の各取引の伝票記入について、空欄①〜⑤にあてはまる適切な語句または金額を答えなさい。ただし、当社では3伝票制を採用している。また、全額を掛取引として起票する方法と取引を分解して起票する方法のいずれを採用しているかについては、取引ごとに異なるため、各伝票の記入から各自判断すること。

(1) 商品を¥600,000で売り上げ、代金のうち¥40,000については現金で受け取り、残額は掛けとした。

(①) 伝票	
科　目	金　額
(　　　　)	(②)

振　替　伝　票			
借方科目	金　額	貸方科目	金　額
(③)	600,000	売　上	600,000

(2) 商品を¥250,000で仕入れ、代金のうち¥40,000については現金で支払い、残額は掛けとした。

(　　　　) 伝票	
科　目	金　額
仕　入	(　　　　)

振　替　伝　票			
借方科目	金　額	貸方科目	金　額
(④)	(　　　　)	(　　　　)	(⑤)

第5問

　次の⑴決算整理前残高試算表と⑵決算整理事項等に基づいて、答案用紙の貸借対照表と損益計算書を完成させなさい。消費税の仮受け・仮払いは、売上取引・仕入取引のみで行うものとし、⑵決算整理事項等の7.以外は消費税を考慮しない。なお、会計期間はX1年4月1日からX2年3月31日までの1年間である。

⑴ 　　　　　**決算整理前残高試算表**

借方	勘定科目	貸方
190,000	現　　　　　金	
567,000	当　座　預　金	
478,000	売　　掛　　金	
210,000	繰　越　商　品	
250,000	仮　払　消　費　税	
1,300,000	備　　　　　品	
2,800,000	土　　　　　地	
	買　　掛　　金	600,000
	借　　入　　金	450,000
	仮　受　消　費　税	330,000
	貸　倒　引　当　金	10,000
	備品減価償却累計額	470,000
	資　　本　　金	2,000,000
	繰越利益剰余金	500,000
	売　　　　　上	5,996,000
3,100,000	仕　　　　　入	
1,002,000	給　　　　　料	
320,000	支　払　家　賃	
48,000	水　道　光　熱　費	
58,000	通　　信　　費	
24,000	保　　険　　料	
9,000	支　払　利　息	
10,356,000		10,356,000

⑵　決算整理事項等

1．現金の実際有高は¥174,000であった。帳簿残高との差額のうち¥10,000は通信費の記帳漏れであることが判明した。残額は不明のため、雑損または雑益として記載する。

2．売掛金の当座預金口座への入金¥53,000の取引が、誤って借方・貸方ともに¥35,000と記入されていたので、その修正を行った。

3．当月の水道光熱費¥2,000が当座預金口座から引き落とされていたが、未処理であった。

4．売掛金の期末残高に対して3％の貸倒引当金を差額補充法により設定する。

5．期末商品棚卸高は¥184,000である。

6．備品について、残存価額ゼロ、耐用年数5年とする定額法により減価償却を行う。

7．消費税の処理（税抜方式）を行う。

8．借入金はX1年6月1日に借入期間1年、年利率4％で借り入れたもので、利息は11月末日と返済日に6ヵ月分をそれぞれ支払うことになっている。利息の計算は月割による。

9．支払家賃のうち¥180,000はX1年12月1日に向こう6ヵ月分を支払ったものである。そこで、前払分を月割により計上する。

貸借対照表

X2年3月31日 （単位：円）

現　　　　　金	（　　　　）	買　　掛　　金	（　　　　）
当 座 預 金	（　　　　）	借　　入　　金	（　　　　）
売　　掛　　金 （　　　）		（　　　）消費税	（　　　　）
貸 倒 引 当 金 △（　　　）	（　　　　）	未 払 費 用	（　　　　）
商　　　　　品	（　　　　）	資　　本　　金	（　　　　）
（　　　）費 用	（　　　　）	繰越利益剰余金	（　　　　）
備　　　　　品 （　　　）			
減価償却累計額 △（　　　）	（　　　　）		
土　　　　　地	（　　　　）		
	（　　　　）		（　　　　）

損益計算書

X1年4月1日からX2年3月31日まで （単位：円）

売 上 原 価	（　　　　）	売　　　　　上	（　　　　）
給　　　　料	（　　　　）		
貸倒引当金繰入	（　　　　）		
減 価 償 却 費	（　　　　）		
支 払 家 賃	（　　　　）		
水 道 光 熱 費	（　　　　）		
通　信　費	（　　　　）		
保　　険　　料	（　　　　）		
雑（　　　　）	（　　　　）		
支 払 利 息	（　　　　）		
当期純（　　　）	（　　　　）		
	（　　　　）		（　　　　）

解答

第1問

	借方科目	金　額	貸方科目	金　額
1	租　税　公　課	200,000	当　座　預　金	200,000
2	手　形　借　入　金	800,000	当　座　預　金	800,000
3	旅　費　交　通　費	90,000	仮　　払　　金 未　　払　　金	60,000 30,000
4	普　通　預　金	5,000,000	資　　本　　金	5,000,000
5	備　　　　　品 消　耗　品　費	500,000 6,000	普　通　預　金	506,000

第2問

問1

補助簿＼日付	現金出納帳	当座預金出納帳	商品有高帳	売掛金元帳 （得意先元帳）	買掛金元帳 （仕入先元帳）	仕入帳	売上帳	固定資産台帳
2日			○		○	○		
16日	○	○						○
18日	○		○	○			○	
25日				○				

問2　￥（　　　1,440,000　）の固定資産売却（　損　・　(益)　）

解説　問1の仕訳は下記のとおりです。補助簿と勘定科目との関係を示します。

	借　方　科　目	金　額	貸　方　科　目	金　額
2日	買　　掛　　金	30,000	仕　　　　入	30,000
	買掛金元帳（仕入先元帳）		仕入帳，商品有高帳	
16日	土　　　　地	8,160,000	当　座　預　金 現　　　　金	8,000,000 160,000
	固定資産台帳		当座預金出納帳，現金出納帳	
18日	前　　受　　金 売　　掛　　金	100,000 503,500	売　　　　上 現　　　　金	600,000 3,500
	売掛金元帳（得意先元帳）		売上帳，商品有高帳，現金出納帳	
25日	貸　倒　引　当　金 貸　倒　損　失	200,000 220,000	売　　掛　　金	420,000
			売掛金元帳（得意先元帳）	

問 2

購入 @¥50,000×160㎡＋¥160,000＝8,160,000

売却 @¥60,000×160㎡＝9,600,000

売却9,600,000－購入8,160,000＝1,440,000売却益

第3問

残 高 試 算 表

令和X1年 6 月30日

借　方	勘　定　科　目	貸　方
490,000	現　　　　　　　金	
1,306,800	当　座　預　金	
470,000	受　取　手　形	
480,000	ク レ ジ ッ ト 売 掛 金	
30,000	前　　払　　金	
350,000	繰　越　商　品	
550,000	備　　　　　　品	
480,000	差　入　保　証　金	
	支　払　手　形	730,000
	買　　掛　　金	302,000
	所　得　税　預　り　金	60,000
	貸　倒　引　当　金	190,000
	備品減価償却累計額	200,000
	資　　本　　金	1,000,000
	繰　越　利　益　剰　余　金	990,000
	売　　　　　　上	8,110,000
	受　取　利　息	1,800
2,780,000	仕　　　　　　入	
1,680,000	給　　　　　　料	
575,000	水　道　光　熱　費	
1,850,000	支　払　家　賃	
420,000	支　払　手　数　料	
122,000	消　耗　品　費	
11,583,800		11,583,800

仕訳

	借 方 科 目	金 額	貸 方 科 目	金 額
1日	当 座 預 金	241,800	貸 付 金 受 取 利 息	240,000 1,800
2日	仕 入	230,000	前 払 金 買 掛 金	68,000 162,000
3日	クレジット売掛金 支 払 手 数 料	480,000 20,000	売 上	500,000
5日	買 掛 金	200,000	支 払 手 形	200,000
6日	所 得 税 預 り 金	30,000	現 金	30,000
8日	差 入 保 証 金 支 払 手 数 料	300,000 150,000	当 座 預 金	450,000
12日	仕 入	350,000	支 払 手 形	350,000
13日	受 取 手 形	260,000	売 上	260,000
16日	支 払 手 形	200,000	当 座 預 金	200,000
19日	当 座 預 金	750,000	クレジット売掛金	750,000
20日	給 料	380,000	所 得 税 預 り 金 当 座 預 金	60,000 320,000
21日	当 座 預 金	490,000	受 取 手 形	490,000
22日	水 道 光 熱 費 支 払 家 賃	65,000 350,000	当 座 預 金	415,000
26日	買 掛 金	190,000	当 座 預 金	190,000
27日	前 払 金	30,000	現 金	30,000

第4問

①	②	③	④	⑤
入金	40,000	売掛金	仕入	210,000

第5問

貸借対照表

X2年3月31日　　　　　　　　　　　　　　　　（単位：円）

現　　　　　金		174,000	買　　掛　　金		600,000
当　座　預　金		583,000	借　　入　　金		450,000
売　　掛　　金	460,000		（未払）消費税		80,000
貸 倒 引 当 金	△ 13,800	446,200	未　払　費　用		6,000
商　　　　　品		184,000	資　　本　　金		2,000,000
（前払）費用		60,000	繰越利益剰余金		1,681,200
備　　　　　品	1,300,000				
減価償却累計額	△730,000	570,000			
土　　　　　地		2,800,000			
		4,817,200			4,817,200

損益計算書

X1年4月1日からX2年3月31日まで　　　　　　　　　（単位：円）

売　上　原　価		3,126,000	売　　　　　　上		5,996,000
給　　　　料		1,002,000			
貸倒引当金繰入		3,800			
減　価　償　却　費		260,000			
支　払　家　賃		260,000			
水　道　光　熱　費		50,000			
通　　信　　費		68,000			
保　　険　　料		24,000			
雑（　損　）		6,000			
支　払　利　息		15,000			
当期純（利益）		1,181,200			
		5,996,000			5,996,000

仕訳	借方科目	金　額	貸方科目	金　額
1	通　信　費	10,000	現　　　　金	16,000
	雑　　　　損	6,000		
2	当　座　預　金	18,000	売　　掛　　金	18,000
3	水　道　光　熱　費	2,000	当　座　預　金	2,000
4	貸倒引当金繰入	3,800	貸　倒　引　当　金	3,800
5	仕　　　　入	210,000	繰　越　商　品	210,000
	繰　越　商　品	184,000	仕　　　　入	184,000
6	減　価　償　却　費	260,000	備品減価償却累計額	260,000
7	仮　受　消　費　税	330,000	仮　払　消　費　税	250,000
			未　払　消　費　税	80,000
8	支　払　利　息	6,000	未　払　費　用	6,000
9	前　払　費　用	60,000	支　払　家　賃	60,000

4．貸倒引当金の設定
　売掛金（478,000－18,000）
　×3％＝13,800
　13,800－10,000（貸倒引当金残高）
　＝3,800

6．減価償却費
　1,300,000÷5年＝260,000

8．未払計上
　11月末まで支払っているので12月から3月までの4ヵ月分を計上する
　450,000×4％×4/12＝6,000

9．前払計上
　4月から5月まで前払い計上しているので2ヵ月分を計上する
　180,000×2/6＝60,000

終章　簿記を学ぶにあたって

　簿記を学習するうえで、悩むことが多いはずである。25年間、簿記を指導して学生が簿記を学習する際、理解してほしい内容をここに示しておきたい。まずは簿記学習者が思うことになる学習する出発点である商業高校出身者とそれ以外の関係である。商業高校に行けばよかったという声をよく聞く。そうではないことを説明したい。そして、簿記を学習するうえで質問事項の多いことを次に述べる。しかしながら、質問事項は簿記の重要な基本である事柄で、明治以降から大きく、変わっていない。この2点を理解したうえで本書に取り組んでいただきたい。

終.1　簿記を学習する出発点

　簿記は、商業高校出身者であれば高校で簿記を学習する。商業高校では記帳をしっかり学習する。しかしながら、それ以外の出身者は、大学で簿記を初めて学ぶことになる。大学で初めて簿記を学ぶ学生はゼロからのスタートとなり、大学では限られた時間で簿記を学ぶことになる。それでは、限られた時間で大学生は簿記について何を学習すべきなのか。岩田巌が1955年に述べたことが次の内容である。「大学で簿記の講義を受ける人が、皆なブックキーパーになるとは限らない。ところが、そういう人たちにブックキーパーになる簿記の知識を教えるということは、必要のないことです。むしろ、そういうことは必要ではないといわぬが、しかしそれ以上に必要なことは簿記の意味を知らせるということです」（岩田（1955）13-14頁）と述べている。要約すれば、大学で簿記を学ぶ学生は、簿記によって帳簿記入をしっかり学習のではなく、簿記原理、勘定理論や簿記構造を理解することが必要であるということができるであろう。

　また、当時、大学における簿記教育の議論がなされている。沼田嘉穂は、簿記教育について2つの方法を述べている。「1つは企業における計算制度の形を覚えさせ、その技術的記帳を了解させ訓練することである。いま一つは所謂、簿記原理例えば勘定理論・貸借理論若しくは企業の計算実体を論じ、了解させることである」（沼田（1955）67頁）。上述のように簿記については、記帳中心の帳簿記入の学習と簿記理論の二つを述べている。しかし、大学における簿記教育について「大学生が初級簿記教育を受けていない限り、初級簿記教育から初めなければならないことは疑う余地がない」（沼田（1955）68頁）。「簿記の知識を全く持っていない学生を対象として簿記教育を実施する限り、両者は同一の地点から初めるべきことは明らかである。」（沼田（1955）68頁）よって、大学教育も初学者がいる以上、帳簿記入の学習からしなければならない。

さらに、「簿記教育の基本は技術を主体とすべく、特にその形式性を重視しなければならないと思う。簿記は貸借仕訳の方法はもとより、一線・一字の書き方に至るのでことごとく形式性を有し、形式を無視した記帳は簿記としての価値を有しない。形式の遵守に徹底した教育が実務に役立つ簿記の基本である点を忘れてはならない」（沼田（1955）69頁）。そして、「簿記の基本的・初歩的教育は記帳訓練を主体とすべきであって、説明を主体とすべきではない」（沼田（1955）69頁）と述べている。

　したがって、簿記の学習は、高校と同じく、基礎・基本をまず学習することから始まるのである。そして、大学生は、簿記を土台として、会計理論を学習し、財務諸表である貸借対照表、損益計算書およびキャッシュ・フロー計算書などの財務数値を理解することのできる財務分析、さらに、これらをもとに管理会計や経営戦略など学び、経営の基本であるおカネに関する全体像を理解することが望ましいのである。

終.2　簿記の基礎概念における理解不足の要因

　簿記を学習するうえで大学生は必ず仕訳を学習する。仕訳ができない学生は、一番重要な取引要素を理解せずに次の単元に進むのである。この取引要素は、簿記の根幹をなすもので理解しなければならないものである。そして、利益計算をすることになるが、この利益計算法は1900年前後から大きく変化していない重要な会計構造である。この2つを理解しないと次の単元でつまずく原因にもなる。そこで、本節は取引要素と利益計算について若干、述べることとする。

a．取引要素の史的考察

　日本において影響を与えたと考えられる取引要素の原点は、1895年に下野直太郎の『簿記精理』であろう。これは、Folsomの影響をうけた（安藤（2002）489頁）ものである。下野は、金銭を計算の本体として、金銭の収支を計算の対象にしていたと思われる。そして、簿記の基本原理である取引要素が『簿記精理』において計算要素として展開されている。『簿記精理』について太田は、簿記理論の常識となった吉田良三の要素説の源泉がこの小冊子で発表されたと述べている（太田（1940）4頁）[1]。下野の取引要素は、計算要素として、図表1のとおり示されている。

　計算要素は、交換、貸借、損益という3つの要素を示している。交換は、有価物の受け渡しに関わるもので「財産高に増減なし」（下野（1895）6頁）となるものを示している。貸借は、金銭貸借として、財産高に影響しないことを指摘している（下野（1895）11頁）。損益は、「財産を増減するは損益の特性なり」（下野（1895）11頁）と述べている。ここで注目すべき点は、資本の取扱いである。資本金を負債としてみなしていることである。下野（1895）では、取引を例にあげて、「資本主と営業方を区別して資本主をば一の債主と見做す。而して帳簿は営業方の所属となるが故に帳面上資本金は資本主より営業方に借受けたる一種の負債と見做す」（下野（1895）17頁）とし

1）下野の取引要素説は、木戸田（2015）および安藤（2002）において詳細に述べられている。

ていることである。この計算要素は、現在の取引要素の原型といってよいだろう。

図表1　計算要素

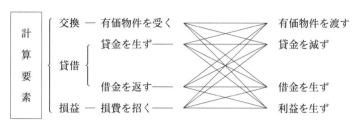

（出所：下野（1895）16頁）

そして、この計算要素から太田（1917）は財産の増減（図表2）として展開したのである。太田は営業が開始され、ある資産を資本として投下した場合、財産の増加は資本金となる（太田（1917）87-88頁）としているのである。また、損益取引については、資本取引と損益取引において説明財産（説明勘定）、名目財産（名目勘定）、仮定財産（仮定勘定）と称して展開している[2]。ただ、この時点では、現在行われている取引要素にはなっていないが類似する事項が多くなっている。

図表2　財産の増減取引

（出所：太田（1917）89頁）

そして、吉田良三が資産・負債・資本概念を導入した。吉田（1920）において、取引要素は6要素が展開されている（図表3）（吉田（1920）21頁）。さらに資本の増加には、元入れまたは増資と利益の発生が示され、資本の減少には引き出しまたは原資と費用の発生が示され、下野の計算要素の内容も示されている（吉田（1920）23頁）。その後、取引要素は、6要素から12要素10要素と展開され、現在の8要素説（図表4）が一般的になった。

図表3

（借方）	（貸方）
資産の増加	資産の減少
負債の減少	負債の増加
資本の減少	資本の増加

2）太田（1919）では、太田（1917）で示されていた説明財産、名目財産、仮定財産が、それぞれ、説明勘定、名目勘定、仮定勘定に変更されている。説明財産（説明勘定）が資本金を指し、名目財産（名目勘定）が収益と費用を指し、仮定財産（仮定勘定）が収益と費用の個別勘定を指していると推察できる。

図表 4

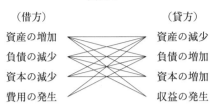

（借方）		（貸方）
資産の増加		資産の減少
負債の減少		負債の増加
資本の減少		資本の増加
費用の発生		収益の発生

　以上、取引を2面的に記録するため、取引要素は、簿記の根幹をなすもので学習する仕訳を作成するために必要な概念である。この取引の8要素と結合関係をしっかり学習していただきたい。

（2）利益計算

　下野（1895）には、すでに現在行われている、財産法と損益法による利益計算法がなされていた。下野（1895）は、貸借対照表ではなく何某商店決算勘定報告書（図表5）という名称が使用されていた。また、損益計算書が示されていなかった。下野（1986）によって、損益計算書に準じた損益勘定（図表6）という報告書が記述されている。

図表5　何某商店結算勘定報告書

何某商店結算勘定報告書

借方（負債責任）	明治　　年　　月　　日		貸方（資産権利）
資　　本　　金	1,000	現　　　　　　金	555
支　拂　手　形	300	営 業 什 器 原 價	100
當　期　利　益　金	55	商　　　　　品	400
		丁　　　　　某	300
	1,355		1,355

（出所：下野（1895）55頁）

　この勘定構造は、左右が異なっているだけで現在と同じ会計構造になっている。下野の考え方は、当店勘定を用いた主客双観的貸借による報告書を作成するという提案をしていたから現在の貸借対照表と損益計算書の左右対称の報告書となっている。

　基本的には、仕訳を行うことで、その集計表なる試算表が下記のとおり分解され、貸借対照表と損益計算書に分解されるのである（図表7）。

図表6　何某商店結算勘定報告書（損益勘定）

何某商店結算勘定報告書

収入		損益勘定	支出
商 品 賣 買 利 益	80	開 業 費	10
		營 業 費	35
		當 期 純 益 金	35
	80		80
當 期 純 益 金	35	積 立 金	20
		配 當 金	15
	35		35

（出所：下野（1896）63頁）

図表7　貸借対照表と損益計算書の関係

　取引要素に基づいて、記録を行うと左右の金額が同額もしくは取引ごとに合計額が同じ金額で表示され、集計すると残高試算表が作成される。その貸借対照表の資産、負債、資本をまとめると黒い部分が残高として計上される。また損益計算書も同様、収益と費用をまとめると黒い部分が残高として計上される。貸借対照表と損益計算書の黒色の部分が利益となり、必ず同額の利益が計算されるのである。

終．3　まとめにかえて

　本書は、簿記を学習する大学生にむけて作成したものである。執筆された先生は、多くの学生に簿記を指導された先生であり、本書を作成するに当たり、少しでも分かりやすく、理解してもらおうと念頭に置いて作されたものである。終．1で述べたが、大学で初めて簿記を学ぶ学生は、商業高校出身者のほうが有利だと考える大学生も多い。しかしながら、普通高校出身者のほうが有利になる面も多いのでそのようなことを考えないほうが良い。そして、簿記学習者で初学者と既学者の簿記指導について教員サイドの意見も加えた。簿記は経営の4要素である人、モノ、カネ、情報の

カネに関する基本でもある。また、多くの学生が悩むところは仕訳の作成である。簿記の根幹とも言うべき仕訳を作成するにあたって取引要素を理解せずに作成しようとする学生が多かった。よって終章で示したように簿記は明治から基本的な概念は変わらないことを説明した。この基本的な概念によって利益計算がなされている。

── **参 考 文 献** ──

安藤英義（2002）「吉田良三「取引要素説」の形成」『一橋論叢』第128巻第 5 号、487-503頁。

岩田巌（1955）「遺稿　二つの簿記学 ── 決算中心の簿記と会計管理のための簿記 ── 」『産業経理』産業経理協会、第15巻第 6 号、pp.8-14。

太田哲三（1940）「下野会計学の全貌」『會計』第46巻第 1 号、1-22頁。

太田哲三（1917）『銀行の実務と会計』進文館。

太田哲三（1919）『銀行の実務と会計　改訂五版発行』奎運堂。

木戸田力（2015）「期間損益 2 重計算の「理念」への道─森田熊太郎と下野直太郎の簿記会計理論─」『産業経理』第75巻第 1 号、4-13頁。

木戸田力・矢野沙織（2019）「企業会計のパラダイム・シフト ──「期末資本 2 重計算」と会計的Codeの形成 ── 」『財務会計研究』第13号、29-61頁。

下野直太郎（1895）『簿記精理』澠關舍。

下野直太郎（1896）『大日本實業学会商科第 2 期講義簿記（下野直太郎）』大日本實業学会。

沼田嘉穂（1955）「簿記教育のあり方について」産業経理協会『産業経理』第15巻第 6 号、66-70頁。

吉田良三（1914）『最新式近世簿記精義』同文舘。

吉田良三（1920）『近世簿記精義最新式廿一版』同文舘。

索　引

執筆者一覧（執筆順。＊は編者）

園　　弘子（その　ひろこ）：第1〜3章担当
　　九州産業大学教授

平川　　茂（ひらかわ　しげる）：第4〜5章担当
　　近畿大学准教授　博士（経済学）

岸川　公紀（きしかわ　こうき）：第6〜8章・第19章担当
　　中村学園大学教授・佐賀大学非常勤講師　Ph.D.

兼武　順一（かねたけ　じゅんいち）：第6章・第18章・第22章担当
　　唐津商業高校教諭・佐賀大学大学院修士課程

矢野　沙織（やの　さおり）：第9章・第10章担当
　　西日本短期大学准教授　Ph.D.

石井　孝和（いしい　たかかず）：第11章・第13章担当
　　佐賀大学准教授　博士（経営学）

江頭　　彰（えがしら　あきら）：第12章・第14章担当
　　久留米市立南筑高等学校校長　Ph.D.

山形　武裕（やまがた　たけひろ）：第15章・第16章担当
　　佐賀大学准教授　博士（経済学）

木戸田　力（きどた　つとむ）：第17章担当
　　佐賀大学大学院教授　博士（経済学）

鶴見　正史＊（つるみ　まさし）：編集・第18章・第20〜22章・終章担当
　　愛知産業大学准教授　Ph.D.

高橋　和幸（たかはし　かずゆき）：第20〜21章担当
　　下関市立大学教授　Ph.D.

今枝　千樹（いまえだ　ちな）：第22章・対策問題担当
　　愛知産業大学准教授　博士（経済学）

洪　　慈乙（ほん　ざうる）：第22章・補章1担当
　　山形大学教授　博士（経済学）

張　　麗琦（ちょう　れいき）：第23章・対策問題担当
　　佐賀女子短期大学講師・佐賀大学大学院博士後期課程

日野　修造（ひの　しゅうぞう）：補章2担当
　　中村学園大学教授　博士（商学）

角町　玲南（つのまち　れな）：表紙絵デザイン
　　佐賀大学教育学部附属小学校

編著者紹介

鶴見　正史（つるみ　まさし）

《略　歴》

　佐賀大学大学院工学系研究科博士後期課程　システム創成科学専攻 修了。

　佐賀大学大学院より，Ph.D.を授与される。

《現　在》

　愛知産業大学経営学部総合経営学科 准教授

《主要業績》

　「中小企業会計基準の設定方法と認識測定の様式(1)・(2)」『佐賀大学経済論集』第49巻第1号・第2号
2016年。

　「わが国における中小企業会計基準の発展」高橋和幸編著『企業会計システムの現状と展望』五絃舎,
2017年。

　「下野直太朗と太田哲三の取引要素と収支的簿記法」上野清貴編著『簿記の理論学説と計算構造』中央経
済社，2019年。

　「売却時価会計と簿記の計算構造」上野清貴編著『簿記の理論学説と計算構造』中央経済社，2019年。

複式簿記概説
―― 財務報告の方法と論理 ――

2020年3月25日　　　初版発行

編著者：鶴見正史
発行者：長谷雅春
発行所：株式会社五絃舎
　　　　〒173-0025
　　　　東京都板橋区熊野町46-7-402
　　　　TEL・FAX：03-3957-5587
組　版：Office　Five　Strings
印刷・製本：モリモト印刷
Printed in Japan © 2020
ISBN978-4-86434-101-1